KB238418

• 鄭馺謨教授指導 博士學位 論文 16 •

연속간행물기사에 대한 서지데이터요소의 표준화에 관한 연구

• 鄭駬謨教授指導 博士學位 論文 16 •

연속간행물기사에 대한 서지데이터요소의 표준화에 관한 연구

한 종 엽 著

목　　차

I. 緒　論

A. 연구의 필요성 및 목적

　도서관의 목록작성법을 국제적으로 표준화하려는 시도는 1961년
국제도서관협회연맹(IFLA)이 '편목원칙'(Cataloging　Principles)[1]을
제정한데서 비롯된다고 볼 수 있다. 이 '편목원칙'은 주로 기본표목
의 선정을 위한 지침으로서 이로 인해 AACR의 표목부가 정립되었
으며, 목록규칙의 국제적인 협력에 크게 기여하였다. 그 후 IFLA는
1971년에 국제표준서지기술법(ISBD(G))[2]을 제정하였다. 이것은 목
록의 기술부에 대한 지침으로서 이에 따라 AACR2의 기술부가 정
립되었다. 또한 1984년에는 Guideline for Authority and Reference
Entries(GARE)[3]가 제정되었는데 이것은 접근점의 통제에 대한 지침
으로서 AACR2R의 개정에 기여하였다. 그러므로 AACR2R은 이상
세 가지의 지침을 모두 수용한 규칙으로서 국제적인 '표준편목규칙'
이라고 볼 수 있다. 이와 같이 국제적으로 표준화된 편목규칙이 편
찬되고, 이에 따라 USMARC이나 UNIMARC 또는 KORMARC이

---

1) IFLA. *Statement of Principles adopted at the International Conference on
　　Cataloguing Principles*. Paris, October, 1961. London, IFLA. Committee
　　on Cataloguing, 1971.
2) Dorothy Anderson. IFLA's programme of ISBDs. *Unesco Bulletin of Libraries*.
　　Vol.XXXII. No.3, May-June, 1978. p. 144.
3) IFLA, *Guidelines for Authority and Reference Entries*. IFLA. International
　　Programme for UBC, 1984.

개발됨으로써, 오늘날 국제적으로 표준화된 목록이 자동화되어 효과적으로 이용되고 있는 것이다.

그러나 AACR2R은 많은 정보자료의 유형 가운데 주로 단행본을 대상으로 서지데이터요소를 규정한 것이다. 현대에는 특히 학술분야에서는 종래의 단행본보다도 학술지를 비롯해서 각 협회나 정부기관에서 간행되는 연속간행물에 수록되는 논문이나 기사가 더욱 중요한 가치를 가지게 되었다. 그리하여 각종의 데이터베이스에서는 연속간행물에 수록된 기사를 입력하는 양이 더욱 폭발적으로 증가하고 있다. 그러나 국내에서 생성되고 있는 주요한 데이터베이스는 물론 선진 외국의 대표적인 데이터베이스에 있어서도 서지데이터요소와 순서가 각각 다르기 때문에 데이터베이스의 이용자들은 이를 검색하여 이용하는데 있어서 불편과 혼란이 야기되어 효율적인 정보이용에 문제점이 제기되고 있다. 그 원인은 연속간행물기사에 대한 표준화된 서지데이터요소와 입력양식이 현재까지도 마련되지 못했기 때문이다.

그러므로 앞으로 연속간행물의 게재기사에 대한 데이터요소에 있어서 정보검색결과 화면에 나타나는 출력양식의 국제적인 표준화에 관한 연구가 절실히 요구되고 있는 것이다.

이상과 같은 관점에서 본 연구는 학술지를 비롯해서 학회지, 정부간행물, 각 협회지, Proceedings 등 정기적이거나 또는 비정기적이거나 연속적으로 발행되는 간행물에 수록된 논문 또는 기사(article)에 대한 데이터요소의 표준안을 제시하고자 하는 것이다.

B. 연구방법

이상과 같은 목적을 달성하기 위하여 본 연구에서는 다음과 같은 절차와 방법에 따라 연구를 수행한다.

첫째, 연속간행물 기사 데이터베이스의 출현과정과 이론적 배경을 파악하기 위해서 국내외의 색인 및 초록지를 조사·분석한다.

둘째, 국내와 국외의 대표적인 기사 데이터베이스를 선정하여 이들의 데이터요소를 상호 비교 분석하고, 이를 통해 구체적인 문제점을 밝히는 한편, 모든 서지데이터요소에 있어서의 공통된 필수요소와 지엽적인 선택적 요소 및 각 요소의 기입순서를 선별한다.

셋째, ISO 690의 연속간행물기사에 대한 서지기술양식을 분석하여 이를 기사 데이터베이스에 적용할 수 있는 가능성 여부를 분석한다.

넷째, 이상에서 분석된 결과를 토대로 하여 서지데이터베이스에 있어서 연속간행물 게재기사에 대한 데이터요소의 표준화 방안을 수립하여 제시하고자 한다.

C. 선행연구 분석

이상과 같이 연속간행물 게재기사에 대한 서지데이터요소의 표준화가 절실히 요구됨에도 불구하고 국내는 물론 외국에서 조차도 이에 대응할만한 표준이 아직 확립되지 않고 있다. 다만, 근래 들어서 국가차원의 서지DB구축의 일환으로 그 표준의 필요성이 증대함에 따라, 첨단학술정보센터의 위탁을 받아 연구한 정준민의 [학술지논문 종합목록 입력기준에 관한 연구]4)가 있을 뿐이다. 이의 연구결과를 살펴보면 다음과 같다.

정준민은 Dublin Core의 데이터요소와 그 유형들을 면밀히 분석하고, 그 결과를 토대로 학술지에 수록된 논문에 대한 입력기준을 제시하였다. 그는 "전자자료를 기술하기 위하여 만들어진 더블린코

---

4) 정준민. 학술지 논문 종합목록 입력기준에 관한 연구. 서울, 첨단학술정보센터, 1998.

어를 학술지 논문에 맞게 설계 가능한 것은 어느 정도 틀에 맞추어져 있는 논문의 성격 때문"5)이라고 하고, "더블린코어의 15개 요소 중 학술지 논문을 기술하는데 필요한 요소를 선정하고, 혹은 특정 요소의 정의와 범위를 변화시켜서 학술지 논문을 기술하는데 적합한 10개의 더블린코어 요소를 정의해서 입력기준을 제시하고 있는데"6), 다음과 같은 학술지 논문 입력창을 제시하였다.7)

<표 1> 정준민의 학술지 논문 입력창

서명사항	
타이틀	==> 원문과 동일하게 입력함을 원칙으로 함
키워드	==> 원문 또는 초록 등에서 자동 생성케 함
내용기술	==> 데이터 검증 시 전문사서에 의해 입력될 부분임
저자사항	
저자명	==> 전거통제를 전제로 설계할 것
출처사항	
학술지명	==> 기본적으로 issn 번호 부여 후 자동 입력되거나 약식으로 입력하여 완전 학술지명을 전거로부터 획득
ISSN	==> 전거활용
형태사항	
권호	==> 궁극적으로 전거를 통해 패턴이 결정되며 경우에 따라 다양한 입력 형태를 취함
통권	
페이지	
내용기술언어	==> 테이블 활용
초록기술언어	==> 테이블 활용
소장사항 ==> (권고사항) 더블린코어 요소가 아닌 별개의 양식으로 처리?	
기관코드	

---

5) *Ibid.* p. 22.
6) *Loc. cit.*
7) *Ibid.* p. 23.

이상의 '학술지 논문에 대한 입력창'의 요소들을 하나하나 분석해 보면 다음과 같다.

1) 발행지, 발행자, 발행년월 등의 발행사항이 누락되었다. 연속간행물의 기사에 대한 서지기술에서 종래에는 발행사항을 생략하는 예가 많았으나 이제는 연속간행물의 종류가 급속도로 증가하고 있기 때문에 동명의 저널이 발생할 가능성이 많으므로 발행자명을 반드시 기술해야 한다.

2) 권호수와 페이지 수는 단행본의 경우와는 달리 여기에서는 기사의 수록위치표시인데, 그것이 형태사항에 표시되어 있다.

3) 서명사항의 내용기술에 초록을 기술하고, 또한 서명사항에 키워드를 기술하도록 규정하였는데, 이들은 서명사항과는 직접적인 관련이 없는 요소들이다.

4) ISSN은 이용자의 입장에서 보면 저자명, 논제, 출처 및 수록처를 확인하고 내용을 살펴보게 됨으로 일반적인 서지기술사항 다음에 기술하는 것이 유용할 것이다.

이상에서 보는 바와 같이 정준민이 제시한 10가지의 서지기술요소와 그 순서는 몇 가지 불합리한 점이 있다. Dublin Core는 본래 전자자료를 주 대상으로 하는 입력요소로서 각각의 요소별로 여러 가지 유형(Type)과 다양한 기준(Scheme)들을 적용하게 됨으로 대단히 복잡하기 때문에, 상대적으로 단순하고 어느 정도 틀에 맞추어져 있는 학술지의 논문을 기술하는 양식에 적용한다는 것은 불합리하고 무리한 방법이라고 판단된다.

그리고 더블린 코어가 갖는 확장성이라는 기본적인 특징으로 인해 도서관마다 자관에서 필요한 Type을 추가로 기술하는 것이 가능하기 때문에, 작성기관마다 상이하게 기술할 수 있는 문제점이 야기되며, 서지데이터의 공유라는 측면에서 또한 표준화라는 측면에서 많은 문제점이 있다.

또한 더블린 코어가 갖고 있는 문제점은 1) 메타데이터는 목록의 대체수단이 아니라 웹자원의 탐색을 위해 개발된 것이며, 2) 전거화일이나 전거제어수단을 적용하지 않으므로 도서관목록으로 사용하는 것이 부적합하며, 3) 더블린코어 메타데이터를 MARC로 변환할 수 있지만 일관성과 표준화라는 관점에서 목록규칙이 규정하고 있는 조건에 부적절하고, 4) 메타데이터의 중개시스템이기 때문에 무리한 응용은 오히려 표준화하는데 부작용을 가져올 수 있다.

Ⅱ. 연속간행물 기사 데이터베이스의 출현 배경

현대의 모든 서지데이터베이스는 1960년대부터 시작된 도서관 및 정보관리기관의 자동화에 이어서 시작된 것으로, 그 역사는 겨우 30여 년에 불과하다고 말할 수 있다. 그러나 연속간행물 기사를 위주로 하는 데이터베이스는 종래의 연속간행물기사색인과 초록지를 계승한 것이라고 볼 수 있으므로 이러한 기사색인이 그 출발점이라고 볼 수 있고, 또한 이러한 기사색인은 도서관의 목록에서 비롯된 것이므로 목록이 그 기원이라고 볼 수도 있을 것이다.

오늘날 학문과 기술의 신속한 발전으로 연속간행물이 도서관자료로서 단행본 이상으로 그 중요성이 증대되고, 국제적으로 그 수요가 확대됨으로서 이에 따라 연속간행물에 수록된 기사에 대한 색인이 출현하였고, 이어서 연속간행물기사에 대한 초록지(abstract)가 출현했으며, 컴퓨터의 출현과 정보기술의 발전에 따라 정보처리의 자동화시스템이 도입됨으로서 서지정보와 원문정보를 함께 수록하는 데이터베이스가 구축되었기 때문이다.

그러나 본 논문에서는 목록의 기원이나 그 발전에 대해서는 생략하고, 연속간행물기사에 대한 데이터베이스의 직접적인 시발점이라고 볼 수 있는 연속간행물의 기사색인과 초록지, 그리고 데이터베이스에 대하여 서양과 동양 및 우리나라에 있어서의 그 출현과 발전과정을 살펴보고자 한다.

A. 서양의 기사 데이터베이스 발전과정

이 항에서는 서양의 기사 데이터베이스 발전과정을 '연속간행물기사색인의 출현과 발전', 그리고 '초록지 및 서지데이터베이스의 출현과 발전'으로 구분하여 살펴보고자 한다.

1. 서양의 연속간행물기사색인의 출현과 발전

서양에서 정기간행물기사색인이 최초로 간행된 것은 1683년 암스테르담에서 Cornelius a' Beughem이 편찬한 *La France Sçavante*이다. 이것은 1665년에 창간된 *Journal des Sçavans*에 수록된 약 2,000건의 학술적이고 과학적인 기사 및 도서에 대해서 색인 한 것이다.[8] "이것은 최초의 정기간행물 색인이었으며, 오랜 뒤 Poole의 색인이 나타날 때까지 2세기 동안 이 색인을 능가할 색인이 없을 만큼 완전했다."[9]

"Beughem 은 여기서 머물지 않고 여러 나라에서 출판된 저널을 포함시키도록 확대시킨 야심적인 저작을 만들기 시작했는데, 이 결과 약 7천권의 저작을 저자명 알파벳순으로 배열한 국제규모의 정기간행물색인인 *Apparatus ad historiam nouissimam*을 성공적으로 출간하였다."[10]

17세기에는 색인의 황금기라고 일컬을 만큼 많은 종류의 색인이 출판되었으나, 18세기에는 오히려 이전에 비해 뚜렷한 감소내지 퇴보현상을 보였으며, 소수의 색인에 의해 그 명맥이 유지될 정도였다.[11]

---

8) Archer Taylor. *General Subject Index Since 1548*. Philadelphia, Univ.
9) *Loc. cit.*
10) *Ibid.* p. 181.

1776년 출판된 *Repertorium reale*은 18세기의 색인을 대표한다고 할 수 있는데 "1권 및 2권의 저자목록에서 52,000항목을 열거하고 3만 5천권 이상의 도서를 수록했으며, 정기간행물기사나 논문 등도 많이 수록했다.12)

정기간행물색인은 17세기 Beughem에 의해 처음 창안된 이래로 별로 진전을 보지 못하다가 18세기말에 *Allgemeines Schregister*가 출판된 때를 전후하여 다시 관심이 증대하기 시작하여 19세기 이후에 이것이 고조되고 그 효용성이 확장되었다고 말할 수 있다. 예를 들면 "1848년 W.F. Poole이 편찬한 *An alphabetical index to subjects, treated in the reviews and other Periodicals*에 이르러 현대색인으로 전환하는 하나의 정점을 이루게 되었으며, 이때부터 도서목록류 색인과 정기간행물색인이 뚜렷이 분리되는 경향을 보이고 있다."13)

"Poole 의 *An Alphabetical Index*는 색인 항목 수에서는 종전의 것과 비교가 안 될 만큼 많았지만 영어로 출판된 자료만을 수록하였다. 그리고 1853년에는 2판을 3배로 증가된 175,000항목을 수록한 2판을 출간하였다."14) Poole의 색인은 1907년까지 3번의 보유판을 내는 성공을 보였는데, 이러한 성공에 힘입어 북유럽 제국, 즉 프랑스, 영국, 폴란드, 스페인, 라틴 아메리카 등에서 비슷한 형식의 색인이 나왔다는 기록이 보인다.15)

19세기 후반에는 색인에 대한 연구가 본격적으로 이루어졌다는 데에서 중요한 의미를 찾을 수 있다. "1878년 영국에서 Henry B.

---

11) 朴俊植. 索引에 관한 歷史的 考察. 중앙대학교 대학원 석사학위논문, 1975. p. 28.
12) *Ibid.* p. 205.
13) John Metcalfe. *Subject Classifying and Indexing of Libraries and Literature.* Sydney, Argus and Robertson, 1959. pp. 88~89.
14) Archer Taylor. *Op. cit.*, p. 242.
15) *Grolier Encyclopedia.* New York, The Grolier Society, 1954. Vol.6. p. 104.

Wheatley를 사무장으로 하는 색인학회가 창립되고, 동년에 첫 연속간행물로서 Wheatley가 *What is an Index?*라는 저서를 간행하여 초기의 색인사를 서술했으며, 많은 색인지들을 발굴하여 열거하였다 ."16) 몇 년 뒤에 "Wheatley는 *How to make an Index*라는 저서를 또 발간하여 서양의 색인사에 중요한 업적을 남겼다."17) 또한 Wheatley의 색인에 대한 저서를 전후해서 미국에서는 다음과 같은 색인지가 창간되었다.

> *Monthly Catalog of U.S Government Publications.* Washington D.C Government Printing Office, 1853~ Annual
> *Zoological Record.* Philadelphia, Bioscience Information Service, 1864~ Annual
> *Engineering Index.* New York, Engineering Information Inc., 1884~ Monthly

20세기 이후의 서양의 색인사에 관해서는 현 단계에서 체계적인 연구가 매우 어렵다고 판단된다. 그 이유는 이 분야의 출판물이 너무나 다양하고 방대하기 때문이다.

또한 20세기 들어서는 색인의 성격도 크게 변화되었다. 그것은 과학기술문명의 발달과 학문의 세분화현상이 더욱 깊어짐에 따라 정보량이 크게 증가하여 '모든 정보'를 다 수록하는 종합색인에서 점차 주제 분야별 또는 '제한된 정보'를 수록하는 방향으로 전환하게 된 것이다. 따라서 20세기 전반은 종합색인으로부터 주제별 연속간행물 기사색인으로 넘어오는 과도기적 역할을 수행한 시기이다.

아울러 이 시대부터는 주로 정기간행물색인이 색인출판의 주류를 이루며 발전해 나가는 양상을 띠는 시기이기도 하다. 19세기 중엽 Poole의 색인에서 기초가 확립된 정기간행물색인이 20세기에 들어

---

16) *Loc. cit.*
17) *Loc. cit.*

와서 본격적으로 발전해나가는 과정을 엿볼 수 있다.18)

또한 서양색인의 발전이 주로 미국을 중심으로 형성되어 왔다는 것이다. 그만큼 미국은 색인의 양과 질에 있어서 타국과 비교가 되지 않을 만큼 풍부했으며, 특히 Wilson출판사의 업적은 괄목할 만하다. Wilson사는 1905년 처음으로 매우 유용한 상호 참조법을 이용한 주제 접근방식을 취한 *Reader's Guide to Periodical Literature*를 격월간으로 발행하기 시작했다. 두 번째로 1907년에는 *International Index*를 격월간으로 발행하기 시작하였고, 세 번째로 1909년에는 *Index to Legal Periodicals*를 월간으로 발행하기 시작하였으며, 그 뒤를 이어서 계속해서 각종 색인지를 출판함으로써 색인의 발전에 크게 공헌하였다. 여기에서 20세기 초기부터 미국을 중심으로 해서 서양에서 창간된 주요한 색인지의 서목을 열거하면 아래와 같다.

〈서양에서 20세기에 발행된 주요색인지의 창간연도순 서목〉

Reader's Guide to Periodical Literature. New York, H.W. Wilson, 1905~ Bi-monthly International Index. New York, H.W. Wilson, 1907~1965 Bi-monthly

Index to Legal Periodicals. New York, H.W. Wilson, 1909~ Monthly

----

Applied Science & Technology Index. New York, H.W. Wilson Co., 1913- Monthly

The subject Index to Periodicols. British Library Association, 1915- Annual

Education Index. New York, H.W. Wilson, 1932- Monthly

Art Index. New York, H.W. Wilson, 1933.

---

18) 朴俊植. 索引에 관한 歷史的 考察. 중앙대학교 대학원 석사학위논문, 1975. p. 32.

Essay and General Literature Index. New York, H.W. Wilson, 1931 Vol.~

Vertical File Index. New York, H.W. Wilson, 1935 Monthly.

Bibliographic Index. New York, H.W. Wilson, 1938- Quarterly

Mathematical Reviews. Providence, American Mathematical Soc., 1940~ Annual

Bulletin Signalétique, Sec. 110. Paris, CNRS, 1940~ Annual

Bulletin Signalétique, Sec. 130. Paris, CNRS, 1940~ Annual

Bulletin Signalétique. Paris, CNRS, 1940~ Annual

Bibliography of Agriculture. Phoenix, Oryx Press, 1942~ Monthly

Government Reports Announcements & Index. Springfield, National Technical In Service, 1946~ Annual

Excerpta Medicu. Amsterdam, Excerpta Medica Foundation, 1947~ Annual

Applied Mechanics Reviews. New York, American Society of Mechanical Engineers 1948~ Annual

---

Zentralblatt für Mineralogie. Stuttgart, Schweizerbart Verlagsbuchhandlung, 1950~ Annual

PROMT: Predicosts Overview of Markets and Technology. Cleveland, Predicasts, Inc., 1950~ Quarterly, Annual

Current Awareness in Biologicul Sciences. Oxford, Pergamon Press, 1954~ Monthly

Bulletin Signaldtique. Paris, CNRS, 1956~ Annual

Bulletin Signaldtique des Télécommunioations. Paris, Centre National d'Etudes des Télécommunications, 1958~ Annual

Business Periodical Index. New York, Wilson, 1958~ Monthly

Index Medicus. Bethesda, National Library of Medicine, 1960~ Annual

Current Contents, Physicol Chemical & Earth Sciences. Philadelphia, ISI, 1961 ~ Weekly

Chemical Titles. Columbus, American Chemical Society, 1961 ~

Science Citation Index Philadelphia, Inst. for Sci. Inf., 1961 ~ Scmimonthly

International Bibliography of Rice Research Manila, The International Rice Research Institute, 1961 ~ Annual

Bulletin Signalétique. Paris, CNRS, 1963 ~ Annual

Biological & Agricultural Index. New York, H.W. Wilson Co., 1964~ Monthly

Social Science & Humanities Index. New York, H.W. Wilson, 1965 ~ 1974 Annual

Translations Register-Index. Chicago, National Translations Center, 1967 ~ Monthly

Bibliography and Index of Geology. American Geological Institute, 1967 ~ Annual

----

INIS Atomindex. Vienna, IAEA, 1970 ~Semiannual, Annual

Current Contents, Agriculture, Biology and Environmental Sciences. Philadelphia, ISI, 1970~ 3times in annual

Chemicul Industry Notes. Columbus, American Chemical Society, 1972 ~ Weekly

Architectural Periodicals Index. London, RIBA Publication Ltd., 1972 ~ Quarterly

Bulletin Signalétique. Paris, CNRS, 1972 ~ Annual

Bulletin Signalétique-Bibliographie des Sciences de la Terre. Paris, CNRS, 1972~ Annual

Environmental Periodievls Bibliography. Santa Barbara, Environmental Studies Institute, 1972 ~ Annual

Energy Index. New York, Environment Information Inc., 1973 ~ Annual

Conference Papers Index. Bethesda, Cambridge Scientific Abstracts. 1973 ~ Annual

Alloys Index. Metals Park, Metals Information. 1974 ~ Monthly

Index to Scientific Review. Philadelphia, Inst. for Sci. Inf., 1974 ~ Semiannual

Humanities Index. New York, H.W. Wilson, 1974 ~ Annual

Social Science Index. New York, H.W. Wilson, 1974 Annual

AGRINDEX. Rome, FAO, 1975 ~ Monthly

International Copper Information Bulletin Herts, Copper Development Association, 1975 ~ 3times in annual

Bulletin Signaletique. Paris, CNRS, 1975 ~ Annual

Index to Scientific & Technical Proceedings. Philadelphia, Inst. for Sci. Inf., 1978 ~ Annual

World Transindex. Delft, Int'l Translation Center, 1978 ~ Annual

Current Chemical Reactions. Philadelphia, ISI, 1979 ~ Annual

Bulletin Signalétique. Paris, CNRS, 1980 ~ Annual

Bulletin Signalétique. Paris, CNRS, 1980 ~ Annual

Current Technology Index. London, Library Association, 1981 ~ Monthly

ASCE Publicxrtions Information. New York, American Society of Civil Engineers, 1983~ Annual Humanities Index로

이상에서 열거한 색인지 중에서 20세기 초기에 H.W. Wilson Company에서 창간한 *International Index*가 현재까지 변천해온 과정은 20세기의 색인의 발전과정과 그 특징을 명확히 보여주고 있는 것으로 보인다. 1907년에 창간된 *International Index*는 1965년부터 *Social Science* & 그 표제명이 변경되었고, 또한 이것은 1974년부터 1974년부터 *Humanities Index*와 *Social Science Index*로 분할되어 발행되었다. 또한 1994년부터는 *Humanities Index*는 데이터베이스로

전환되어 *Humanities Abstracts*와 *Humanities Full Text*로서 온라인으로 서비스하고 있고,[19] *Social Science Index*도 *Social Science Abstracts*와 *Social Science Full Tex*로서 온라인으로 서비스하고 있다.[20] 또한 1913년에 창간된 *Applied Science & Technology Index*도 1993년부터 *Abstracts*까지 겸해서 온라인으로 서비스하고 있다.[21]

이상에서 보는 바와 같이 20세기 초기의 색인지는 모든 지식분야에 걸친 일반적인 색인지로 출발하였으나, 20세기 중엽부터 점차로 전문 주제별로 분화되고, 또한 20세기 후기부터는 이러한 색인지가 데이터베이스로 전환되어 초록과 전문(全文)도 같이 수용하여 서비스하고 있음을 볼 수 있다. 또한 색인이 정보검색도구로서의 중요성이 증대되고 있음을 알 수 있다.

2. 서양의 초록지 및 서지데이터베이스의 출현과 발전

Francis J. Witty에 의하면 초록과 유사한 기능을 한 방법이 일찍이 기원전 2천 년대로 거슬러 올라가 메소포타미아의 상형문자로 된 문서들을 보관한 점토판 봉투 위에 사용되었다고 한다. 이 문서들은 변조되어서는 안 되기 때문에 봉투 속에 밀봉되었으며 문서들의 내용은 봉투 위에 완전히 기록되거나 발췌하여 기록되었다고 한다.[22]

---

19) *HumanitiesIndex*DatabaseDescription,1999.Available from: <http://www. hwwilson.com/DDescriptions/hum.htm> [cited 1999-07-25]

20) SocialSciences*Index*DatabaseDescription, 1999. Availablefrom: <http://www. hwwilson.com/DDescriptions/ssi_a.htm> [cited 1999-07-25]

21) Applied Science & Technology Index Database Description, 1999. Available from:<http//www. hwwilson.com/DDescriptions/ast.htm> [cited 1999-07-25]

22) Francis J. Witty. The Beginnings of *Index*ing and Abstracting. Indexer, Vol.8, 1973. pp. 193~194.

Witty는 또한 알렉산드리아 대왕시대에 학자들은 이미 대량의 파피루스두루마리들을 연구하는 것이 어렵다는 것을 알고 이 시대의 다수의 훌륭한 극작가들의 연극까지도 초록했는데, 이는 출연자의 명단과 함께 줄거리에 대한 초록을 제공하는 것이 유용하리라고 생각하였기 때문이다. 이것은 단지 줄거리의 요약에 불과한 것이 아니라 비평적 초록이었으며, 또한 연극의 공연시기에 관한 역사적 기록과 상을 받은 연극이었다는 사실 등을 포함하고 있다.[23]

중세에는 승려들이 필사본을 만들 때 각 페이지의 내용을 요약하는 방주(傍註: 본문에 대한 주석)를 작성하였다. 학자들 뿐만아니라 정치가들도 초록을 이용하였다. 외국에 나가 있는 많은 특사들은 그 나라에서 일어나고 있는 여러 가지 사건들에 대한 장문의 보고서를 작성하여 통치자에게 보냈고, 이 보고서들은 먼저 왕실의 비서가 읽고 요약하여 왕에게 제출하거나 또는 구두로 보고하였다는 점에서 이것도 일종의 초록이라고 볼 수 있다는 것이다.[24]

Derek de Salla Price에 의하면 Elizabeth 1세 시대에는 과학자들이 초록을 자주 이용하였다. 과학자들이 연구계획을 끝마치면 완전한 연구보고서를 한두 명의 친구들에게 보내고 다른 사람들에게는 짧은 보고서 즉, 초록을 보냈다. 과학자들 간의 초록 교환은 연구결과의 지식을 가능한 한 광범위하게 배포하는데 목적이 있었다. 초록은 특사로부터 왕에게, 그리고 과학자들 간에 사적인 커뮤니케이션 시스템으로서 봉사하였다.[25] 이것은 동양의 경우 劉向, 劉歆 부자의 七略의 편찬과정에서도 볼 수 있는 동일한 내용이다.

공식적으로 배포된 최초의 초록잡지인 *Le Journal des Scavans*가 프랑스 과학원에 의해 1665년에 파리에서 출판되었다. 주간지로 발

---

23) *Ibid.* pp. 197~198.
24) 윤구호, 색인 · 초록. 서울, 한국도서관협회, 1999. p. 41.
25) Derek de Solla Price. Little Science Big Science. New York, Columbia University Press, 1963.

행된 이 잡지는 이미 다른 잡지 등에 게재된 논문을 나열하고 초록하여 내용을 리뷰 하는 난(欄)을 가졌다. 즉, 잡지에 수록된 논문이나 초록이나 모두 무엇이 새로운 발전이며 무엇이 의미 있는 것인가를 독자에게 전하는 것을 목적으로 하였다.

과학사가인 D. Price는 *Journal des Scavans* 등과 같은 잡지의 출판동기가 새로운 과학논문의 발표보다는 오히려 학술적 출판이나 서간 등을 주지시키는데 있다고 하였다.26)

그 후 1703년에 독일 초록지인 *Monatsextracte*가 Leipzig에서 발간된 것을 기점으로 하여 그 체제와 목적이 *Journal des Sçavans*와 유사한 초록지가 18세기에 걸쳐 독일, 영국, 프랑스 등에서 활발히 발행되었다.27) 그 중에서도 중요한 것들은 다음과 같다.

〈18세기에 독일에서 발행된 초록지〉

1703 *Monatsextracte* (Leipzig)

1712 *Deutsche Acta Eruditorum; oder, Geschichte der Gilehrten, Welche den Gegenwartigen Zustand der Literatur in Europa Begreiffen* (1712~39) Leipzig, *Johann Friedrich Gleditsch* (1653~1716)

1749 *Zuverlassige Nachrichten von dem Gegenwärtigen Zustande, der Veränderung und dem Wachsthum der Wissenschaften* (Leipzig, 1749~81)

1778 *Chemisches Journal für die Freunde der Naturlehre* (Lemgo, 1778~81).

1784 *Chemische Annalen für die Freunde der Naturlehre, Arzneygelahrtheit, Haushaltungskunst, und Manufacturen* (Helmstadt

---

26) *Loc. cit.*

27) H. Borko and C.L. Bernier. Abstracting Concepts and Methods. New York, Academic Press, 1975.

and Leipzig, (1784~1803), supplemented by Beytrage zu den Chemischen Annalen (1785~99), and News Chymisches Archiv(1784~91)

〈18세기에 영국에서 발행된 초록지〉

1747 *Universal Magazine of Knowledge and Pleasure* (London, 1747~1815)
1749 *Monthly Review* (London, 1749~1844)

〈18세기에 프랑스에서 발행된 초록지〉

1756 *Journal Encyclopédique ou Universel* (Liége, 1756~93) *and Année Littéraire* (1754~90)
1772 *Société des Gens de Lettres de France published Esprit des Journaux Francais et Étrangers* (Liége, 1772~1815; 1817 ~18)
1789 *Annales de Chimie* (Paris, 1789~92; 1789~1815)
1797 *Académie des Inscriptions et Belles-lettres, Paris, Published Journal des Savants* (1797; 1816 to date), *superseding the Journal des. Sçavans* (1665~1792)

19세기에는 초록지가 급격하게 증가하기 시작하였으며 전문화된 간행물로 발전해 가는 경향을 나타내었다. 1차정보, 특히 학술잡지의 증가로 인한 이른바 정보폭발현상은 학자들에게 초록지의 필요성을 재인식시켜 주었으며, 특히 여러 주제분야의 전문초록지의 증가와 발전의 기폭제가 되었다.[28]

20세기에는 전문 초록지를 위주로 하여 초록지의 꾸준한 증가추세가 계속되고 있다. Price에 의하면 "세상의 잡지 종수가 300종이

---

28) 윤구호. 색인 · 초록. 서울, 한국도서관협회, 1999. p. 44.

될 때마다 초록지가 1종씩의 비율로 출현"29)한 것으로 분석하였다. 그러나 현재는 그 비율이 훨씬 상회하고 있으며 2,700종이 넘는 색인지와 초록지가 출판되고 있다.30)

미국에서는 초록지가 20세기부터 활발하게 발행되었다. *Chemical Abstracts*(CA)는 1907년에 인쇄본으로 시작하여 저널기사, 특허 등에 관한 1,500만 건 이상의 문헌과 2,200만 건 이상의 화학물질정보를 수용하고 있는 세계에서 가장 방대하고 가장 최신의 화학정보 데이터 집합체이다. CA의 정보자료들은 전 세계로부터 수집된 8,000종 이상의 저널 이외에도, 특허, 기술보고서, 도서, 회의록, 박사학위논문 등을 포함하고 있다. 이 데이터베이스에는 매주 약 13,000건의 레코드가 매주 추가되고 있다.

CA는 또한 29개에 달하는 국립특허국과 두 개의 국제기구를 포함하는 예외적인 특허 데이터베이스이다. CA database에서 특허문헌은 200만 건 이상의 레코드로서 전체의 약 16%에 해당된다.31)

한편 미국의 Pennsylvania대학에서 발행하고 있는 *Biological Abstracts*(BA)는 1926년부터 인쇄본으로 시작하여 현재까지 지속되고 있는데, 1969년부터는 온라인 서비스도 병행하고 있으며, 1989년부터는 CD-ROM 서비스도 병행하고 있다.

BA는 최초에는 전 세계의 생물학 및 생물의학분야의 문헌으로서 영어로 쓰인 자료만을 수록하였다. 인쇄판은 캐나다의 New Brunswick대학이 입수하는 6,000종 이상의 생물분야 연속간행물에 게재된 논문기사의 초록을 수록하고 있다. 온라인의 상업적 초록서비스는 7,600종의 주요한 저널과 단행본을 수용하고, 학술회의 회의록, 리뷰, 도서, 연구소와 정부기관의 보고서 등으로부터 매년 280,000건에 가까운 인용문

---

29) Derek de Solla Price. *Science Since Babylon*. New Haven, Yale University Press, 1975. p. 12.

30) *Loc. cit.*

31) CAS databases, 1999. Available from:<http://info.cas.org/casdb.html> [cited 1999-07-23]

을 생성해낸다.32)

서지기술방법은 35개의 주제 분야로 구분하여; 제어번호, 저자명, 표제, 수록지명, 수록위치, 발행지명, 발행일자, 초록의 순으로 기술하고, 말미에 저자색인이 수록되며, 매년 부록이나 별권으로 주제색인이 수록되고 있다.

한편, 보다 망라적인 서비스와 편리한 탐색을 제공하기 위하여 다수의 규모가 큰 초록·색인작성기관(Abstract & Index Services: 이하 A&I로 약칭함)들이 색인작성, 초록작성, 축적, 출판 및 탐색을 위하여 컴퓨터를 활용하고 있다. Chemical Abstracts Service를 비롯하여 상당수의 규모가 큰 A&I 기관들이 컴퓨터용 데이터베이스를 제작하고 있으며, 그들의 출판물을 인쇄판과 온라인판으로 생산하고 있다.33)

A&I 기관들의 증가와 성장은 국가적 내지는 국제적 수준의 작업부담을 분담하는 협동적 노력의 가능성을 시사하고 있다. 이 기관들은 비용의 증가 없이 상호간의 협력을 통한 서비스의 개선을 목표로 많은 노력을 하고 있다. 이와 같은 협동에는 표준화도 포함되는데 ANSI와 ISO, 그리고 특히 ICSU-AB (International Council of Scientific Unions-Abstracting Board)는 초록작성을 위한 표준을 개발하기 위해 노력하고 있다.34)

현대의 학술연구에서는 문헌정보의 대량생산과 유통에 따라 이에 대한 색인과 초록, 그리고 데이터베이스화에 대한 요구도 함께 증대하고 있다.

서양에서 20세기에 발행되고 있는 주요한 초록지만을 창간연도순으로 열거하면 다음과 같다.

---

32) Biological Abstracts, 1999. Available from: <http://degaulle.hil.unb.ca/library/
science/biol/biolab.html> [cited 1999-07-25]
33) 윤구호. 색인·초록. 서울, 한국도서관협회, 1999. p. 45.
34) *Loc. cit.*

〈서양에서 19세기말과 20세기에 발행된 주요초록지의 창간연도순 서목〉

Electricul and Electronics Abstracts. London, Institution of Electrical
Engineers, 1898 ~ Semiannual
Physics Abstracts. London, Institution of Electrical Engineers, 1898
~ Semimonthly

Chemioal Abstracts. Columbus, Chemical Abstracts Service, 1907~
Annual
Mineralogicul Abstracts. London. The Mineralogical Soc. of Great
Britain & Minera- logical Soc. of America, 1921~ Annual
Ceramic Abstracts. Columbus, American Ceramic Society, 1922 ~
Annual
Abstracts on Hygiene and Communicable Diseases. I.ondon,
Bureau of Hygiene and Tropical Diseases, 1926 ~ Annual
Biologirnl Abstracts. Philadelphia, Biosciences Information Service,
1926 ~ Semiannual Zent ralblatt Radiologie. Berlin, Springer-
Verlag, 1926 ~ Monthly

Abstract Bulletin of the Institute of Paper Chemistry. Appleton,
Institute of Paper Chemistry, 1930~ Annual
*Zentralblatt für Mathematik und ihre Grenzgebiete/Mathematics
Abstracts*. Berlin, Springer Verlag, 1931~ Semimonthly
Industrial Hygiene Digest. Pittsburgh, Industrial Health Foundation,
1937 ~ Annual
Dissertation Abstracts International, Science & Engineering.
AnnArbor, Univ. Micro films Int., 1938 ~ Annual

Bulletin Signalétique. Paris, CNRS, 1940~ Annual
Zinc Abstracts. London, Zinc Development Association, 1943 ~
Annual

International Packaging Abstracts. Oxford, Pergamon Press, 1944~ Annual

Gas Abstracts. Chicago, Institute of Gas Technology, 1945 ~ Monthly

Selected RAND Abstracts. Santa Monica, RAND Corp., 1946 ~ Annual

----

IMM Abstracts. London, The Institution of Mining and Metallurgy, 1950 ~ Bi-monthly

Analyticul Abstracts. London, The Royal Society of Chemistry, 1954~ Semiannual

MIRA Automobile Abstracts. Warwickshire, The Motor Industry Research Association, 1955 ~ Annual

----

Solid State Abstracts Journal. Bethesda, Cambridge Scientific Abstracts, 1957 ~ Annual

Tobacco Abstracts. Raleigh, Tobacco Literature Service, 1957. Annual

Computer Abstracts. St. Helier, Technical Information Co., 1957~ Annual

Lead Abstracts. London, Lead Development Association, 1958~ Annual

Current Contents, Life Sciences. Philadelphia, ISI, 1958~ Quarterly

Rheology Abstracts. Oxford, Pergamon Press, 1958~ Annual

Metal Finishing Abstracts. Teddington, Finishing Publications Ltd., 1959 ~ Annual

----

Meteorologicul and Geoastrophysical Abstracts. Boston, American Meteorological Soc., 1960 ~ Annual

International Aerospace Abstracts. New York, American Institute of Aeronautics and Astronautics, 1961. Semiannual, Annual

Electronics & Communications Abstracts Journal. Riverdale, Cambridge Scientific Abstracts, 1961. Annual

Corrosion Abstraction. Houston, National Association of Corrosion Engineer, 1962~ Annual

Computer & Information Systems Abstracts Journal. Riverdale, Cambridge Scientific Abstracts, 1962~ Annual

Euro Abstracts. Luxembourg, EEC, 1963~ Annual

Scientific and Technical Aerospace Reports. Washington, D.C., NASA, 1963~ Semi annual, Annual

Oceanic Abstracts, Bethesda, Cambridge Scientific Abstracts, 1964~ Annual

International Pharmaceutical Abstracts. Bethesda, American Society of Hospital Pharmacists, 1964~ Semiannual

Microbiology Abstracts. Bethesda, Cambridge Scientific Abstracts, 1965~ Annual

Entomology Abstracts. Bethesda, Cambridge Scientific Abstracts, 1969~ Annual

Computer and Control Abstracts. London, Institution of Electrical Engineers, 1966~ Semiannual

Abstracts of Mycology. Philadelphia, Biosciences Information Service of Biological Abstracts, 1967 ~ Monthly

Acoustics Abstracts, Pt. A, B. London, Multi-Science Publishing Co., 1967 ~ Annual

Virology Abstracts. Bethesda, Cambridge Scientific Abstracts, 1967~ Annual

Metals Abstracts. Metals Park, Metals Information, 1968~ Annual

RAPRA Abstracts. Shawbury, Rubber and Plastics Bes. Assoc. of Great Britain, 1968~ Semiannual

Selected Water Resources Abstracts. Washington, D.C., Water Resources Scientific Inf. Center, 1968 ~ Annual

Genetics Abstracts. Bethesda, Cambridge Scientific Abstracts, 1968 ~ Annual

World Textile Abstracts. Manchester, Shirley Institute, 1969 ~ Annual

Food Science and Technology Abstracts. Shirfield, Int'l Food Information Service, 1969~ Annual

----

Ergonomics Abstracts. London, Taylor & Francis, 1969 ~ Quarterly

Astronomy & Astrophysics Abstracts. Heiderberg, Astronomisches Rechen - Institur, 1969~ Annual

----

Abstracts of Entomology. Philadelphia, Biosciences Information Service, 1970 ~ Monthly

Pollution Abstracts. Bethesda, Cambridge Scientific Abstracts, 1970~ Annual

Bulletin Signaletique. Paris, CNRS, 1971 ~ Annual

Biochemistry Abstracts, Pt. 1, Pt. 2, Pt. 3. Bethesda, Cambridge Scientific Abstracts, 1971 ~ Annual

Aquatic Sciences & Fisheries Abstracts, Pt.1. Bethesda, Cambridge Scientific Abstracts, 1971 ~ Annual

Aquatic Sciences and Fisheries Abstracts, Pt.2. London, Inf. Retrieval Ltd., 1971 ~ Annual

Environment Abstracts. New York, EIC/Intelligence, 1971~

Abstract Journal in Earthquake Engineering. Richmond, Nat'l Inf. Service for Earthquake Eng., 1972 ~ Annual

Abstracts, Flour Milling & Baking Research Association. Rickmansworth Herts, Flour Milling and Baking Research Assoc, 1972 ~ Bimonthly

Abstracts on Health Effects of Environmental Pollutants. Philadelphia, Bioscience Information Service, 1972 ~ Monthly

International Abstracts in Operations Research Amsterdam, North-Holland, 1973~ Semiannual

ISMEC Bulletin. Bethesda, Cambridge Scientific Abstracts, 1973~ Annual

Animal Behavior Abstracts. Bethesda, Cambridge Scientific Abstracts, 1973~ Annual

International Petroleum Abstracts. London, Wiley Heyden Ltd., 1973~ Annual

SAE Technical Literature Abstracts. Warrendale, SAE, 1974~ Annual

Ecological Abstracts. Norwich, Geo Abstracts Ltd, 1974~ Annual

Abstracts on Cassava, Manihot Esculenta Crantz. California, Cassava Information Center, 1975 ~ Annual

Abstracts on Tropical Agriculture. Amsterdam, Koninklijk Institut Voor de Tropen, 1975~ Monthly

Ecology Abstracts. Bethesda, Cambridge Scientific Abstracts, 1975 ~ Annual

Energy Research Abstracts. Oak Ridge, U.S.DOE Technical Information Center, 1975~ Semiannual, Annual

Energy Abstracts for Policy Analysis. Oak Ridge, U.S.DOE Technical Information Center, 1975 ~ Annual

Immunology Abstracts. Bethesda, Cambridge Scientific Abstracts, 1976~ Annual

Cadmium Abstracts. London, Cadmium Association, 1977 ~ Annual

Coal Abstracts. London, IEA Coal Research, 1977 ~ Annual

Geophysics and Tectonics Abstracts. Norwich, Geo Abstracts, 1977 ~ Annual

Toxicology Abstracts. Bethesda, Cambridge Scientific Abstracts, 1978 ~ Annual

Abstracts of Papers of the American Mathematical Society.

Providence, American Mathematical Society, 1979 ~ Bimonthly

Physics Briéfs/ Physikalische Berichte. Weinheim, Physik-Verlag, 1979~ Semiannual

Science Research Abstracts Journal. Oxford, Cambridge Scientific Abstracts, 1981 ~ Annual

Abstracts in Biocommerce, ABC. Oxford, Irl Press, 1982~ Semimonthly

Abstracts in Artificial Intelligence. Glasgow, The Turning Institute, 1986 ~ Monthly

이상에서 보는 바와 같이 초기의 초록지는 모든 지식분야에 걸친 일반적인 색인지로 출발했으나, 20세기 초기부터 점차로 전문 주제별로 분화되고, 또한 20세기 후기부터는 대부분의 초록지가 데이터베이스로 전환되어 초록과 전문도 같이 수용하여 서비스하고 있다.

B. 동양의 기사 데이터베이스 발전과정

이 항에서는 동양에 있어서의 기사 데이터베이스의 발전과정을 '연속간행물기사색인의 출현과 발전', 그리고 '초록지 및 서지데이터베이스의 출현과 발전'으로 구분하여 살펴보고자 한다.

1. 동양의 연속간행물기사색인의 출현과 발전

중국은 오랜 역사와 학문적 전통에 비하여 연속간행물의 기사 색인은 상당히 늦게 출현하였다. 20세기 초기에 서양의 문화가 도입되면서 "1921년 文華大學에 도서관학과가 창설되었고, 民國 10년

(1930) 武昌文化圖書館專門學校가 설립됨을 전후하여 서양의 색인법이 처음으로 수입되었다. 따라서 서양의 색인법에 대한 관심이 고조되고 연구도 활발해 지게 되어 민국 19년(1930) 4월 商務印書館에서 [索引과 索引法]이 출간되기까지 하였다.”35)

또한 “동년 上海의 人文編譯所에서 출판된 [人文月刊]은 중국의 모든 잡지를 색인 한 정기간행물색인의 효시이다.

이는 매년 10기로 출판되었는데 시기마다 최근 잡지의 要目을 색인하여 250여종의 간행물을 수록하고 있으며 편집과 배열방법의 구상은 모두 미국 Wilson사의 *Reader's Guide to Periodical Literature*의 영향을 받은 것이었다.”36)

한편 “1930년 가을 연경대학과 Harvard대학은 공동으로 문화연구소를 조직하고 그곳에 引得編纂所를 두고 색인사업을 벌였는데 이는 중국색인의 발달사상 특기할 만한 일이었다. 文化研究社는 洪煨蓮의 주도하에 일관적인 색인을 만들어 왔는데 民國20년부터 民國39년까지 출판된 색인은 1호부터 41호까지이고 [引得特刊]도 1호부터 22호까지이니 모두 63종이다. 그중 인득서 1책은 홍외련이 [引得叢刊]을 主編한 경험을 서술한 것으로 고서의 색인방법에 대하여 아주 자세히 논급하였다. 나머지 62종은 모두 색인이며 60종의 서적(도서)색인과 2종의 期刊索引을 포함하고 있다.”37)

이상의 색인사업에서 보는 바와 같이 1930년은 중국 색인사에 있어서 중요한 시점이 된다. 즉 서양색인법이 처음으로 도입되어 하나의 전환을 이루게 되었으며, 정기간행물색인이 처음으로 나타나 금후의 발전을 촉진시키는 모체가 되게 했다.

1933년 中山文化教育館은 [期刊索引]을 단독간행물로 출판했으며,

---

35) 정항웅 저, 심우준역. 中國索引의 發展過程. 도서관, 제30권 제1호, 1975. p. 56.
36) *Loc. cft.*
37) 정항웅, *Op. cit*, pp. 56~57.

中法漢學研究所는 聶崇岐의 주도하에 [中法漢學研究所通檢叢刊]을 발간하여 중국 근대색인의 초기를 선도하였다.

1949년 국민당 정부가 臺灣에 천도하자 만사를 제쳐놓고 革命實踐研究院에서 우선적으로 색인의 편찬작업에 심혈을 기울여 [中文雜誌論文索引] (후에 國防研究院 中文雜誌論文索引으로 개명) [日報論文索引] (후에 國防研究中文日報論文索引으로 개명)을 계속 간행하였고 1952년엔 [匪報重要內容目錄을 출간하였으며 1954년엔 章羣이 중앙연구원의 장서에 대한 [民國學術論文索引]을 편성하였는데 당시에는 상당한 이용가치를 가지고 있었다.38)

1960 년대에 들어와 중국색인은 종합색인으로부터 주제색인으로 전환하는 뚜렷한 현상을 보이기 시작했다. 이러한 현상은 20세기 초 서양에서의 변화과정과 1960년대 한국의 색인이 주제색인으로 변화해온 과정과 동일한 것으로서 색인의 발전양상이 시간적으로는 차이가 있으나 지역적으로는 대차가 없음을 보여주고 있다.

1960 년대에 출판된 색인은 대다수가 주제색인이었는데 그중 색인의 발전에 공헌한 중요한 것만 열거하면 아래와 같다.39)

[近五年敎育論文索引]. 師範大學圖書館 編, 1963.
[中國史學論文索引, 1902~1962]. 余秉權 編.
[財務論文分類索引], [貨幣金融論文分類索引], [經濟論文分類索引].
美國亞洲學會 中文研究資料中心 編, 1967.
[中文報章雜誌 科技論文索引]. 國家科學會, 科學資料與機構中心 編,
1968.
[中文期刊人社會科學論文分類索引] 國立政治大學 社會科學資料中心
編, 1969.

1970년 이후에 출판된 색인은 그 수가 방대하여 일일이 열거하기

---

38) 정항웅, *Op. cit*, pp. 57.
39) *Loc. cit*.

는 어려우나 1970년에 國立中央圖書館에서 출판한 [中華民國 期刊論
文索引月刊]과 [中國近二十年文史哲論文分類索引] 및 국가과학회 과
학자료 및 기구센터에서 編印한 [中文報章雜誌科技論文索引] 2輯은
특히 유명하다.

그리고 당시 "郭榮趙敎授가 編한 [新聞紀要 및 新聞索引] 1輯은
미국의 *Facts on File*과 흡사하여 참고도구로서 중요한 위치를 점하
고 있다.40)

한편 일본에서 발행된 색인지는 상당히 많다. 그 중에서 주요한
색인지만을 열거하면 아래와 같다.

〈日本에서 발행된 색인지〉

雜誌記事索引, 과학기술편. 동경, 국립국회도서관, 1948~ 계간
技術雜誌記事速報. 동경, KKテクノ, 1977~ 월간
日本農學文獻記事索引. 동경, 농림수산기술정보협회, 1970~ 반연간
Abstracts of Science and Technology in Japan. Agro-Industries.
1981~ Quarterly
雜誌記事索引 人文・社會編 累積索引版 1985~198941)

シリーズA	政治・行政	平5 B5
シリーズB	法律・司法(上)	平5 B5
シリーズB	法律・司法(下)	平5 B5
シリーズC	經濟・經營(上)	平7 B5
シリーズC	經濟・經營(下)	平7 B5
シリーズD	産業	平6 B5
シリーズE	社會・勞動(上)	平6 B5
シリーズE	社會・勞動(下)	平6 B5
シリーズF	教育・スポーツ	平6 B5
シリーズG	歷史・地理	平5 B5

---

40) *Ibid.* p. 58.
41) Available from:<http://www.ndl.go.jp/about/pub_kihon.html> [cited 1999-07- 26]

シリーズH	哲學・心理學・宗敎	平7 B5
シリーズJ	藝術・藝能	平6 B5
シリーズK	文學・語學(上)	平6 B5
シリーズK	文學・語學(下)	平6 B5
シリーズU	學術・文化	平7 B5
總合索引	著者名篇(上)	平7 B5
總合索引	著者名篇(下)	平7 B5
總合索引	件名編	平7 B5

(機械可讀目錄・磁氣テープ版)
國立國會圖書館 雜誌記事索引 MT版
カレント版 年24回更新 磁氣テープ
年間累積版 昭和60年以後各年 磁氣テープ 各 1年分

(機械可讀目錄 CD-ROM版)
NDL CD-ROM Line 雜誌記事索引

カレント版	1995~	年6回更新	CD-ROM
소급판	1985 ~1989	平8	CD-ROM
〃	1975 ~1979	平11	CD-ROM
〃	1980 ~1984	平11	CD-ROM
〃	1990 ~1994	平11	CD-ROM

우리나라는 三國時代부터 학술과 문화가 발전하고 특히 인쇄술이 일찍이 발전하여 수많은 典籍과 書冊이 발행되어 왔으나 정기간행물의 기사색인은 1950년 전후에 나타나기 시작하였다. 1949년 우리나라에서는 처음으로 국립도서관에서 신문기사를 색인 하여 [1945년 이전 3대 신문소재 국어국문학관계 연구논문목록]이란 제목으로 국립중앙도서관보인 [文苑] 37호의 한 기사로 실리게 됨으로서 신문기사색인의 새로운 경지를 개척하였다.42)

---

42) 국립중앙도서관 편. 1945년 이전 3대 신문소재 국어국문학 관계 연구논문

이듬해 1950년 서울대학교 사범대학에서는 [史學雜誌]에 수록된 국어국문학관계연구논문목록을 [論文]지의 한 기사로 싣게 되어 정기간행물의 기사를 색인한 최초의 문헌이 되었다.43)

이들 두 색인은 다같이 도서의 목록이 아닌 정기간행물 속의 개별적 기사를 색인하였고 색인의 編排方式에 있어서도 미국의 *Reader's Guide to Periodical Literature*를 많이 본받고 있다. "우리나라 잡지(정간물)의 시초를 1895년 2월에 창간된 [親睦會會報]로 본다면"44) 실로 55년 만에 처음으로 이루어진 것이라고 할 수 있다.

그 후 1950년부터 1953년까지 계속된 한국동란과 그 여파로 50년대 말까지 색인의 발전은 정체된 상태에 있었다.

1957년 미국의 피바다(George Peabody) 사범대학의 교육사절단이 한국사범교육의 발전을 지원하기 위해 내한하여 연세대학교에 1년 과정의 고급사서양성기관인 도서관학당과 학부과정의 도서관학과를 설립함에 따라 현대적 도서관교육이 본격화되는 계기를 마련하였다.

이와 같이 1950년대 후반부터 현대적 도서관학 교육이 본격화되었고 이러한 교육의 결과 1960년대 초반부터 서구의 색인법을 따른 각종 색인지가 계속해서 간행되었다.

서양색인법의 도입에 따라 1960년대 초부터 전통적인 색인 즉 도서목록류 색인과 현대적 색인으로 내용색인이나 기사색인 등이 나타났다.

우선 1960년에는 색인의 발전사에서 전기에 될만한 다음과 같은 두 가지 기사색인이 간행되었다.

1) 중앙대학교 교육학과 편, [韓國敎育目錄]. 서울, 중앙대학교출판국

목록. 文苑 37호, 1949.3.
43) 서울대학교 사범대학 편. [史學雜誌] 소수 국어국문학관계연구논문목록, 語文 2권 2호. 서울대학교 사범대학. 1950.4.
44) 김은수 편저. 韓國雜誌 槪觀 및 號別 總目次集. 서울, 한국학연구소, 1973. p. 13.

　　　1960 ~.
　　2) 국학연구논저총람간행회 편, [國學硏究論著總覽]. 서울, 을유문화사.
　　　1960.

　　이상의 두 가지 색인지는 그 서명을 보인 색인이라고 볼 수 없으
나, 그 내용은 도서목록도 수록되어 있지만 연속간행물에 수록된 논
문이나 기사에 대한 색인의 분량이 70% 이상을 차지하고 있다.
　　한편 우리나라에서 정기간행물에 대한 본격적인 색인사업은 한국
도서관협회에서 발행한 [學術雜誌索引]으로부터 비롯되었다고 말할
수 있다. 이 學術雜誌索引은 1960년부터 1962년까지 3년분의 색인
을 사전체식으로 편집하여 두 권의 책으로 발행하였다. 그 후 이 사
업은 국회도서관으로 이관되어 1964년 11월부터 국회도서관에서 이
업무를 수행하게 되었다. 국회도서관에서는 1963년분부터 그 제명을
[國內刊行物記事索引]으로 바꾸어 계간으로 발간하다가 1969년부터
는 현재의 [정기간행물기사색인]으로 개제하였고, 또한 1980년부터
는 계간에서 격월간으로 변경되어 발간하고 있다.
　　국회도서관의 [정기간행물기사색인]의 발간 연혁을 살펴보면 다음
<표 2>와 같다.45)
　　[정기간행물기사색인]은 우리나라에서 발행되는 학술잡지, 학회지,
정부기관의 정기간행물, 사회단체의 기관지 및 대학의 연구논문집
등 주요 정기간행물의 논문기사를 총망라한 우리나라의 유일한 종합
색인지로서 지금도 널리 활용되고 있다.
　　한편 국회도서관에서는 이 업무의 중요성과 정기간행물 기사의 대
량증가에 따라 1978년도분부터는 전산화하여 컴퓨터처리에 의하여
발행하고 있다.

---

45) 李敏煥. 정기간행물 기사색인 作成方法에 대한 小考. 국회도서관보, 제32권
　　제1호, 1990.1. p. 114.

<표 2> 정기간행물기사색인 발간연혁

자 료 명	간종	권 호	발행연도	발 행 처	비고
學術雜誌索引	연 간	1960년도분	1963	한국도서관협회	
學術雜誌索引	연 간	1961-1962년도분	1964	한국도서관협회	
國內刊行物記事索引(창간호)	계 간	1963년도분	1964	국회도서관	"도협"으로부터 업무인수
國內刊行物記事索引	계 간	'65.1-3~'68.7-9	1965 ~	국회도서관	
國內刊行物記事索引		1945-1957년도분	1969	국회도서관	
정기간행물기사색인	계 간	'69.1-3~'79.7-9	1969	국회도서관	제명변경
정기간행물기사색인	연 간	1977-현재	1969	국회도서관	연간누적본 발간
정기간행물기사색인	격월간	1980.1-2 ~현재		국회도서관	계간에서 격월간으로 변경
定期刊行物記事索引 －해방 전 간행물－		1910-1945년도분	1982	국회도서관	

이와 같은 시대적 상황의 요청에 부응하기 위하여 국회에서는 1987년 10월에 국회사무처의 직제를 개정, 국회도서관에 색인업무를 전담하기 위한 색인과를 신설하였고, 1988년 5월에는 이에 따른 인원편성이 이루어져 색인과의 업무가 시작되었다.

[정기간행물기사색인]은 국회도서관에서 매년 격월간과 연간 누적본을 발행하고 있으므로 이미 정착화 된 셈이다. 이처럼 정기간행물의 색인은 하나의 국가서지업무로 오늘에 이르고 있다.

국회도서관에서 발행하는 [정기간행물기사색인]의 작성방법에 관하여 간략하게 살펴보면 다음과 같다.

[정기간행물기사색인]의 배열은 국회도서관에서 작성된 주제분류표에 따라 '정치학' 등 364개의 세부분야로 분류·배열하고 각 항목 내에서는 저자명의 가나다순으로 배열하였으며, 동일 필자명 내에서는 논제의 가나다순에 의해 배열하고 있다. 또한 논제가 둘 이상의 주제와 관련된 때에는 두개까지 주제부출하고 있다.46)

[정기간행물기사색인]은 현재 격월간 연5회, 연간 누적본 연1회를 발간하며, 격월간은 매년 1-2월호, 3-4월호, 5-6월호, 7-8월호, 9-10월호를 발간하며, 11-12월호는 발간하지 않고 연간 누적본 1-12월에 포함하여 발간하고 있다.

한국도서관협회에서 발행한 [學術雜誌索引]은 주제명, 저자명을 혼합하여 가나다순으로 배열한 사전체 색인이었으나 국회도서관에서 발간되는 [정기간행물기사색인]은 대주제로 '정치·행정' 등 13개로 나누어 각 대주제 하에서 다시 세분하여 '정치학' 등 392개로 나뉘어져 필요한 기사를 찾을 때는 분류표(정기간행물기사색인분류코드)에 의해 찾게 하고 있다. 그리고 분류색인의 단점을 보완하기 위해 연간 누적본에는 필자색인을 게재하여 필자로도 찾을 수 있게 하고 있다.

한편 1960년대 후반의 색인사업은 국회도서관의 노력에 힘입은 바가 크다고 할 수 있다. 국회도서관은 전술한 [國內刊行物記事索引]과 [定期刊行物記事索引]외에도 다양한 전문분야별 색인을 간행하여 한국의 현대색인발달에 크게 기여했다. 그 구체적인 자료는 다음 <표 3>와 같다.

<표 3> 주제별 색인의 발행사항

社會科學論文記事索引 I (정치·행정·법률·사회·노동)	1977-1980년도분	1981	국회도서관
社會科學論文記事索引 II (경제·산업·농수산)	1977-1980년도분	1981	국회도서관
人文科學論文記事索引 (교육·문화·예술·문학·어학· 철학·종교·역사·지리)	1977-1980년도분	1982	국회도서관

한편 이 시기에는 단일주제를 취급한 주제색인도 상당수 발간되었다. 이들 중 중요한 것만 열거하면 다음과 같다.

---

46) *Ibid.* p. 115.

[韓國圖書館關係文獻目錄]. 이화여자대학교출판부. 1965.
[韓國書誌關係文獻目錄]. 도서관보 4호. 서울대학교도서관. 1966. pp.27-75.
[韓國史硏究論文總目錄]. 서울, 국회도서관 1집: 1967. 2집: 1970.
[韓國民俗關係文獻目錄 1945-60]. 한국민속학 1집. 서울, 한국민속학회. 1969. pp.137-145.
[科學技術文獻速報 기계공학]. 서울, 산업연구원, 1962~ 월간
[科學技術文獻速報 화학·화학공업]. 서울, 산업연구원, 1963~ 월간
[科學技術文獻速報 전기·전자공학]. 서울, 산업연구원, 1970~ 월간
[科學技術文獻速報 건설·환경]. 서울, 산업연구원, 1983~ 월간
[科學技術文獻速報 금속·자원·에너지]. 서울, 산업연구원, 1983~ 월간
[科學技術文獻速報 생물학, 약학, 식품학]. 서울, 산업연구원, 1983~ 월간

또한 1969년 4월 서울대학교도서관에서 서울대학교중앙도서관 및 각 분관과 연구기관에 입수되고 있는 외국정기간행물에 대한 [외국학술잡지색인]47)을 발행한 이래 여러 대학도서관에서 자관소장 정기간행물의 기사색인을 발간하였는데 그중 중요한 것은 다음과 같다.

[정기간행물기사색인 1967], 연세대학교 중앙도서관. 1969~ 연간
[숙명여자대학교중앙도서관소장 정기간행물기사색인]. 숙명여자대학교 중앙도서관. 1970~ 연간

이상에서 보는 바와 같이 우리나라의 연속간행물 기사색인은 1960년에 도서관협회에서 창간한 [學術雜誌索引]에서 출발해서 이어서 국회도서관에서 그 사업을 인수하여 발행하고 있는 [정기간행물기사색인](1964년부터 69년까지는 [國內刊行物記事索引])과 주제별

---

47) 서울대학교 도서관 편. 서울대학교 외국학술잡지색인. 1969. 4~ (계간). 서울대학교도서관.

기사색인으로서 역시 국회도서관에서 1977년부터 현재까지 간행하고 있는 [社會科學論文記事索引] 및 [人文科學論文記事索引]이 주도적인 위치를 유지하고 있으며, 과학기술분야에 있어서는 산업연구원에서 1962년부터 월간으로 간행하고 있는 [科學技術文獻速報]가 주도적인 위치를 유지하고 있다고 말할 수 있다.

또한 1970년 이후에 출판된 각종 색인지는 상당히 많아 일일이 열거할 수 없으나 색인간행에 있어서 몇 가지 특성은 다음과 같이 요약할 수 있다.

첫째, 정기간행물에 대한 색인이 도서목록류 색인의 증가보다 훨씬 빠른 속도로 증가하고 있다는 점이다. 이러한 사실은 현대의 연속간행물이 학문에 기여하는 비중이 단행본도서 이상의 위치를 점하고 있는 국제적인 추세를 잘 반영하고 있는 것이다.

둘째, 색인의 유별이 이미 확정되고 그 취급영역이 분명해졌는데도 우리나라에서는 아직까지 '색인'과 '목록'이란 단어가 혼용되고 있다는 점이다. "해방이후부터 1972년까지 간행된 색인지 76종 중 '목록'이란 서명을 사용하고 있는 색인지가 40종, '색인'이란 용어를 사용하고 있는 것이 18종, 기타가 11종"48)으로 나타나 있음이 이를 잘 입종해 준다.

2. 동양의 초록지 및 서지데이터베이스의 출현과 발전

동양에서 초록지가 최초로 출현한 것은 1903년 日本의 醫學雜誌社에서 발행한 中央醫學雜誌이다. 표제에는 雜誌라고 표시되어 있으나 그 내용은 연속간행물에 수록된 기사에 대한 초록지이다. 다음으로 1927년부터 日本의 과학기술정보센터에서 科學技術文獻速報가

---

48) 최창균. 韓國의 定期刊行物 記事索引誌에 대한 槪觀的 硏究. 서울, 연세대학교 교육대학원 석사학위논문, 1973. p. 22.

발행되었는데 이것도 역시 초록지이다. 그 후에 이어서 과학기술분야의 많은 초록지가 세부 주제분야별로 발행되었는데 이들 중에서 주요한 것만을 대체로 발행연도순으로 열거하면 다음과 같다.

〈日本에서 발행된 초록지의 창간연도순 서목〉

[中央醫學雜誌]. 東京, 醫學中央雜誌社, 1903~ 연간
[科學技術文獻速報 化學·化學工業]. 東京, 日本科學技術情報센터. 1927~ 연간
[鐵鋼技術總攬]. 東京, 日本鐵鋼協會鐵鋼技術情報센터. 1941~ 연간
[地學文獻速報]. 東京, 地學文獻센터, 1951~ 월간
[海外高分子硏究]. 東京, 高分子學會, 1957~ 연간
[科學技術文獻速報]; 土木·建設工學. 東京, 日本科學技術情報센터. 1958~ 연간
[科學技術文獻速報]; 機械工業. 東京, 日本科學技術情報센터. 1958~ 연간
[科學技術文獻速報 化學·化學工業]. 東京, 日本科學技術情報센터. 1958~ 연간
[科學技術文獻速報 電氣工業]. 東京, 日本科學技術情報센터. 1958~ 연간
[機械工業海外情報]. 東京, 機械振興協會經濟硏究所. 1959~ 반년 간
[科學技術文獻速報 物理·應用物理]. 東京, 日本科學技術情報센터. 1959~ 연간
[科學技術文獻速報 金屬工學·鑛山工學·地球科學]. 東京, 日本科學技術情報센터. 1959~ 연간
[鐵道技術文獻抄錄]. 東京, 鐵道技術硏究所. 1959~ 월간
[科學技術文獻速報 原子力工學]. 東京, 日本科學技術情報센터. 1961~ 연간
Nuclear Science Information of Japan Tokaimura, Atomic Energy Institute, 1963~ Annual
[船舶·海洋工學技術文獻速報 運輸工學]. 東京, 日本造船振興財團.

1966~ 연간

[化學工業資料]. 東京, 굴월연구소. 1966~ 주간

[外國自動車技術文獻抄錄]. 東京, 自動車技術會. 1968~ 월간

[食品工學技術情報]. 東京, 日本科學技術情報센터. 1969~ 계간

[化學抄報]. 東京, 化學情報協會. 1973~ 격월간

[科學技術文獻速報　에네르기]. 東京, 日本科學技術情報센터. 1979~
반연간

Abstracts of Science and Technology in Japan. 東京, 日本科學技
　術情報센터. 1981~ 계간

[科學技術文獻速報　라이프사이엔스]. 東京, 日本科學技術情報센터.
1981~ 연간

　이상의 서목을 분석해 보면 인문·사회과학분야에서 발행한 초록지는 거의 없으며, 학문성격이 급진적으로 변화하는 자연과학이나 응용과학분야에 집중되어 있음을 볼 수 있다.

　우리나라에서 최초로 출현한 초록지는 1962년에 간행된 科學技術文獻速報 제1호이다. 이 속보는 월간으로 간행되었는데 제1호에는 전 세계의 수학과 물리분야의 잡지 250종을 대상으로 그 각각의 기사를 초록한 것이다. 그 후에 이어서 과학기술분야의 몇 가지 초록지가 발행되었는데 이들 중에서 주요한 것만을 대체로 발행연도순으로 열거하면 다음과 같다.

〈한국에서 발행된 초록지의 창간연도순 서목〉

[科學技術文獻速報 수학·물리]. 서울, 산업연구원. 1962~ 월간

Korean Scientific Abstracts. 서울, 산업 연구원. 1969~ 연간

Korean Medical Abstracts. 서울, 産業硏究院. 1971~ Annual

[기초과학연구논총]. 서울, 전국기초과학연구소. 1978~ 연간

[과학기술문헌정보]. 대전, 연구개발정보센터 등 편. 1991~1993 연간

C. DB로의 전환과 서지데이터요소의 변화

이상에서 보는 바와 같이 초기의 색인지와 초록지는 모든 지식분야를 포괄하는 일반적인 색인지와 초록지로 출발하였으나, 20세기 초기부터 점차로 전문 주제별로 분화되고, 또한 현재까지 지속되고 있는 색인지와 초록지는 20세기 후기부터는 대부분이 데이터베이스로 전환되어 초록과 전문도 같이 수용하여 서비스하고 있음을 확인하였다.

또한 종래의 인쇄형태로 발행된 색인지의 각 기사에 대한 기술요소는 참조와 상호참조, 표제 또는 기사명, 저자명, 수록지명, 수록위치(권호, 페이지 수) 등으로서 비교적 간략한 것이었다. 그러나 이들이 데이터베이스로 전환된 데이터요소에는 이상의 기술요소 이외에 저자의 e-mail, 초록, ISSN, 키워드 또는 주제명, 발행년도 및 일자, 자료의 유형, 본문의 언어, 원문보기 등 다양한 데이터요소가 추가되는 반면 참조와 상호참조 등은 제외되었다. 이는 직접탐색이라는 정보도구의 발전 면에서 기인한 것이다.

그러나 이러한 모든 데이터요소의 수나 그 기술순서 등은 각각 다르다. 그리하여 이들 기사 데이터베이스의 서지데이터요소에 대해서는 다음 장에서 국내 및 국외의 대표적인 DB의 사례를 비교 분석하여 구체적인 내용을 규명하고자 한다.

Ⅲ. 국내외의 연속간행물 기사DB의 서지데이터요소 비교 분석

제Ⅲ장에서는 국내외의 데이터베이스에 있어서 연속간행물의 게재기사에 대한 서지기술을 어떠한 양식으로 하고 있는지, 그 현황을 구체적으로 파악하기 위하여 국내와 외국의 대표적인 데이터베이스에서 해당 자료를 검색하여 상호 대비 분석하고자 한다. 또한 분석된 기사DB에서 공통된 요소를 추출하여 기사DB 서지데이터요소의 전거로 삼고자 한다.

A. 국내 데이터베이스의 데이터요소

연속간행물 게재기사에 대한 국내의 대표적인 데이터베이스로는 1) 국회도서관의 정기간행물 기사색인 DB, 2) 산업기술정보원의 KINITI-IR, 3) 연구개발정보센터의 SATURN DB, 4) 한국교육학술정보원의 SRIC DB, 5) LG 상남도서관 데이터베이스 등이라고 말할 수 있다. 이 항에서는 이러한 데이터베이스들이 생성 발전된 과정과 주요한 봉사내용을 밝히고 이에 수록된 서지적 자료를 분석대상으로 삼았다.

1. 국회도서관의 정기간행물 기사색인 DB

국회도서관은 1952년 국회도서실로 개관하여, 1963년 12월에 국회도서관법의 제정으로 국회의 독립기관이 되었고, 1988년 12월 국회도서관법의 재 제정에 따라 현재의 조직으로 발전하였다.

국회도서관은 도서 및 기타 도서관자료 등의 문헌정보를 수집·정리·보존하고 도서관 봉사와 입법조사 분석업무를 수행함으로써 국회의 입법 활동을 지원하는 기관이며, 국가서지를 작성하여 배포하고 있다. 국회도서관 정보처리국에서는 1945년 이후 국내에서 발행된 정기간행물에 수록된 기사 중에서 학술적 가치가 있다고 판단되는 기사를 선정·색인 하여 [정기간행물기사색인DB]를 구축하고 있으며, 현재 100만 건 이상의 서지레코드가 수록되어 있다.49)

입력 서지요소는 1) 입력일자, 2) 구분코드, 3) 주제코드, 4) 저자명, 5) 기사명, 6) 키워드, 7) 수록잡지명, 8) 발행년월, 9) 권호, 10) 쪽, 11) 역자명, 12) 초록으로 구성되어 있으며, 한자어 입력 항목에 대비하여 우리말 읽기 입력항목을 별도로 두고 있다.

국회도서관의 데이터베이스는 다른 데이터베이스와 마찬가지로 정보자료를 검색하는데 있어서, 우선 검색결과의 간략정보에 접근해서 필요한 정보를 선별하여 그에 대한 상세정보에 접근하게 된다. 하나의 간략정보와 그에 대한 상세정보의 화면을 제시하면 다음과 같다.

[간략정보]

1	기사명/저자명: **CA on CD-ROM**을 이용한 생명공학 정보검색 / 김상준 발행년도: 1998 수록잡지명: 생명공학동향 6,2(”98.9): pp.66-72

이상과 같이 간략정보에는 1) 기사명, 2) 저자명, 3) 발행년도, 4)

---

49) 국회도서관. 도서관개관, 1999. Available from: <http://www.nanet.go.kr/ info/ info.html> [cited 1999-07-28]

수록잡지명, 5) 권호수, 6) 발행년월, 7) 기사가 수록된 페이지 수가 나타나 있다. 간략정보에서 페이지 수까지 표시한 것은 특이사항이다. 또한 3)과 6)에서 발행년도가 중복되어 나타나고 있다. 간략정보에서 상세정보로의 접근은 번호(1)를 선택하여 이루어진다.

[상세정보]

제어번호	NAL_DB_719848885
기사명/저자명	CA on CD-ROM을 이용한 생명공학 정보검색 / 김상준
수록잡지명	생명공학동향 6,2("98.9): pp.66-72
주제분야	KNO 생물공학

이상의 상세정보에는 위의 간략정보에 나타난 기술내용 외에 다만 제어번호와 주제분야 표시만이 더 추가되었을 뿐이며, 간략정보에서 나타난 발행년도 항목명이 상세정보에는 없다. 이를 간략정보에 대비하여 상세정보이라고 하기에는 수록정보가 너무 빈약하다. 한편 전통적인 서지기술항목의 기입순서는 먼저 저자명, 기사명(표제), 저널명, 발행자명, 발행연월일, 기사가 수록된 위치를 기입하는 것이 일반적인데 여기에서는 발행자명이 누락되어 있다. 그리고 데이터베이스에서는 그 이외에 키워드, 주제분야, ISSN, 본문언어, 발행지, 초록 등이 추가되어야 하는데, 여기에서는 다만 주제분야 표시만 있고 나머지 사항들은 누락되어 있다.

2. 산업기술정보원의 KINITI-IR

산업기술정보원은 1962년 유네스코한국위원회 산하에 설립된 한국과학기술정보센터(KORSTIC)를 모체로 하여 발족하였으며, 1991년 산업 연구원부설기관에서 독립하여 개원하였다.

산업기술정보원은 국내의 산업, 무역 및 기술에 관한 정보가 수록된 학회지 등의 연속간행물을 중심으로 자료를 수집하여 DB를 구축하고 있는데, 산업기술정보원에서 제작·구축하여 대외적으로 유통시키고 있는 과학기술분야의 데이터베이스는 과학기술문헌정보 데이터베이스 (BIST), 국내 과학·의학영문초록데이터베이스(KSMA), 연구개발영문 정보데이터베이스(KREP), 정보과학데이터베이스(INFO) 등이 있다. 과학기술문헌정보데이터베이스인 BIST (Bibliographic Information on Science & Technology)는 KINITI가 수집하는 국내의 과학기술분야 연속간행물에 게재된 기사 중에서 필요한 문헌을 선택·추출하여 서지 사항 및 키워드, 분류코드, 초록 등 2차정보를 한글로 작성하고, KINITI의 각 주제전문가의 감수를 받은 후에 입력되어, DB로 구축된 다.50)

KINITI-IR 학술지 DB의 입력 서지요소는 1) 잡지명, 2) 권호, 3) 페이지, 4) 연도, 5) 자료유형, 6) 언어, 7) 저자명, 8) 제목, 9) 분류 코드, 10) 색인어, 11) 초록으로 구성되어 있다.

산업기술정보원의 데이터베이스도 다른 데이터베이스와 마찬가지 로 정보자료를 검색하는데 있어서 우선 간략정보에 접근하여 필요한 정보를 선택한 다음 필요에 따라 그에 대한 상세정보에 접근하게 된 다. 하나의 간략정보와 그에 대한 상세정보 화면의 예를 제시하면 다음과 같다.

[간략정보]

	기 사 명	저 자	발행년	원문
1	효율적인 데이터베이스 제작과 정보검색을 위한 자동철자교정	김병혜	1990	SGML

이상과 같이 간략정보에는 1) 기사명, 2) 저자명, 3) 발행년도, 4)

---

50) 산업기술정보원. 국내정보기관시리즈(36) 산업기술정보원. 정보관리연구, 제 30권 제2호, 1999. p. 72.

원문이 나타나 있다. 그런데 여기에서 원문의 표시가 **SGML**로 되어 있는데 아래의 상세정보에는 그것이 나타나 있지 않다. 간략정보에서 상세정보로의 접근은 번호(1)를 선택하여 이루어진다.

[상세정보]

제어번호	9000004
기사명	효율적인 데이터베이스 제작과 정보검색을 위한 자동정자교정 = Automatic Spelling Correction for Efficient Database Production and Information Retrieval
저자	김병혜: 산업기술정보원
입력일자	9807
발행년	1990
발행국	Korea(South)
발행언어	Korean
키워드	서지데이터베이스; 정보검색 자동교정; 철자교정
잡지명	정보관리연구
ISSN	0254-3621
청구번호	C511
권호, 페이지, 년도	21(1), p76-92, 1990.6
분야	EJ0606

이상에서 보는 바와 같이 상세정보에는 1) 제어번호, 2) 기사명(국문명과 영문의 대등서명), 3) 저자명(소속기관 포함), 4) 입력일자, 5) 발행년, 6) 발행국, 7) 발행언어, 8) 키워드, 9) 잡지명, 10) ISSN, 11) 청구번호, 12) 권호, 페이지, 연도, 13) 주제분야의 순으로 나타나 있다. 전통적인 서지기술항목의 기입순서는 먼저 저자명, 기사명, 저널명, 발행자명, 발행연월일, 기사가 수록된 위치(또는 페이지 수)를 기입하는 것이 일반적인 관행이며, 데이터베이스에서는 여기에 키워드, 주제분야, ISSN; 본문언어, 발행지, 초록 등이 추가되어야 할 것이다. 한편 상세정보에서 입력일자는 이용자들에게는 필요한 사항이라고 볼 수 없는데 그것을 앞부분의 네 번째에 기입하

고 있고, 청구기호도 별로 의미가 없는데 기입되어 있으며, 다섯 번째 항목에 발행년이 있는데 끝 부분에 연도가 또 기입되었으니 이것은 중복되는 사항이다. 그리고 맨 끝에 주어진 주제분야가 'EJ0606'으로 표시되어 있는데 이것은 산업기술정보원에서 자체적으로 제정하여 부여한 분류표의 주제분야 코드로서 일반 이용자들에게는 생소한 것으로 큰 의미가 없는 것이라고 판단된다. 또한, 학술적인 논문에 있어서는 초록이 이용자들에게 대단히 중요한 것으로서 필수적인 사항인데 이것이 누락되어 있다.

3. 연구개발정보센터의 SATURN DB

연구개발정보센터는 국가과학기술정보 DB구축 및 유통을 위하여 1993년 한국과학기술연구원 부설기관으로 설립되었으며, 1999년 5월 국무총리실 산하 공공기술연구회 소속의 독립법인으로 재발족하였다. 연구개발정보센터는 과학기술문헌정보(SATURN), 도서정보, 정부기관연구보고서정보, 과학기술사실정보,인력정보,해외동향정보등을제공하고있다. SATURN(Scienceand Technology Union Research Node) DB는 과학기술계 17개 전문정보센터가 분야별로 수집·소장하고 있는 연속간행물, 회의록(Proceedings), 보고서 등에 포함된 연구문헌에 대한 서지정보데이터베이스이다. 입력 서지요소는 다음과 같이 구성되어 있다.

<표 4> KORDIC SATURN DB의 입력 서지요소

@ SATURN_VIEW	
#an ＝일련번호	#kd ＝입력일자
#dt ＝자료유형	#la ＝본문언어
#lo ＝입력기관	
#pnh ＝^a 첫 번째 저자 ^u 소속기관 및 주소	
#pna ＝^a 두 번째 저자 ^u 소속기관 및 주소 ^a; 기타 저자 ^u 소속기관 및 주소	
#ti ＝^a 논문명 ^x ＝ 대등서명	
#ab ＝^a 초록	
#su ＝^a 키워드 ; 키워드 ; 키워드	
#hi ＝^t 학술지명 ^d 발행연도, 발행월.. ^g v.권, n.호, pt., pp.페이지 수 ^x 　　　ISSN 번호	
#pc ＝입력자명	#rf ＝참고문헌 수
#py ＝발행연도	

　　연구개발정보센터의 **SATURN DB**도 다른 데이터베이스와 마찬가
지로 정보자료를 검색하는데 있어서 우선 검색결과의 간략정보에 접
근해서 필요한 정보를 선택한 다음 필요에 따라 그에 대한 상세정보
에 접근하게 된다. 하나의 간략정보와 그에 대한 상세정보의 화면을
제시하면 다음과 같다.

[간략정보]

번호	자료정보
1	제 목: 　　　　CD-ROM 데이터베이스의 정보 검색 연구 원문수록처: 　　　　정보관리연구25(4) 1994.12. 0254-3621

　　이상의 간략정보에서는 논문의 제목과 원문수록처만이 항목으로
제시되어 있는데 원문수록처에는 저널명과 권호수, 발행년월, ISSN
이 포함되어 있다. 간략정보에 ISSN이 포함되어 있는 것이 특징인

데, 'ISSN'이라는 표기 없이 번호만 부여되어 있어서 이용자에게는 그것이 무엇인지 즉시 확인이 되지 않을 수 있다. 또한, 간략정보이라고 해도 이 기사는 하나의 논문인데도 저자명표시가 결여되어 있다. 간략정보에서 상세정보로의 접근은 제목내용(CD-ROM 데이터…)을 선택하여 이루어진다.

[상세정보]

자료유형	Journal
작성언어	한국어
소장기관	연구개발정보센터
개인저자명	이우범 한성대학교
주제코드	정보 검색 이론 (7410)
제목	CD-ROM 데이터베이스의 정보 검색 연구
페이지	1-35
초 록	이 논문은 최근에 급속히 증가하고 있는 CD-ROM 데이터베이스의 수집과 그 효율적인 이용에 대한 방안의 연구로, 주로 각종 CD-ROM 데이터베이스의 製作 方向 및 수집 방법에 관한 아이디어를 제공하고, CD-ROM데이터베이스의 檢索 效率性을 높이기 위한 메뉴 화면 구성 및 그 구체적인 정보 검색 기법을 비교 분석해 본 것이다. 본 논문은 그러한 분석결과를 통하여 이상적인 메뉴 화면의 제안과 標準 情報 檢索 기술이 무엇인가를 규명하여 하나의 標準이 될 수 있는 기법을 제시하고자 시도하였다.
검색키워드	정보 검색; 광 디스크
저자키워드	CD-ROM 데이터베이스; 멀티미디어 광매체
원문수록처	정보관리연구 25(4) 1994.12. 0254-3621
제어번호	KDIC95000640
발행연도	1994

이상의 상세정보에서는 1) 자료유형, 2) 작성언어, 3) 소장기관, 4) 개인저자명, 5) 주제코드, 6) 제목, 7) 페이지, 8) 초록, 9) 검색키워드, 10) 저자키워드, 11) 원문수록처(저널명, 권호, 발행년월, ISSN), 12) 제어번호, 13) 발행년도 등의 순으로 나타나 있다. 이러한 서지

기술순서는 전통적인 기입순서와는 전혀 다르고, 이보다 먼저 분석된 국회도서관이나 산업기술정보원의 그것과도 상당히 다르다. 우선 자료의 유형, 작성언어, 소장기관 등은 정보 검색자들이 기본적인 서지사항을 확인한 다음에 그 자료가 필요하다고 판단했을 경우에 참조하게 되는 사항인데 이러한 사항들이 맨 앞에 기술되어 있고, 원문수록처는 저자와 논문제목을 살핀 다음에 살펴 보아야할 사항인데 그것이 끝 부분에 나타나 있다. 또한, 개인저자명과 제목사이에 주제코드가 주제명과 함께 코드명이 부여되어 있어서, 이용자에게 혼란을 줄 수 있다. 또한, 발행년도가 11)과 12)에 나타나고 있어 중복되고 있다. 그러므로 이 데이터베이스의 서지기술양식은 전통적인 관행을 벗어난 것으로, 비논리적이고 비체계적이며 불합리한 것이라고 평가할 수밖에 없다.

4. 한국교육학술정보원의 SRIC DB

한국교육학술정보원(KERIS)은 1999년 4월 한국교육학술원법 법률 제5,686호에 따라 종전의 멀티미디어교육지원센터와 첨단학술정보센터를 통합하여, 교육학술 정보화를 추진하는 정부출연기관으로 설립되었다. KERIS는 교육과 학술연구 정보를 조사, 수집, 제작하고 이를 효과적으로 유통시키기 위한 교육학술 정보망을 구축·운영함으로써 우리나라 교육발전에 기여하는 것을 목적으로 하고 있다.51) KERIS의 학술연구정보화실에서는 현재 전국 143개 대학의 목록을 통합하여 680만 레코드가 수록된 도서종합목록의 DB를 구축하였으며, 70여종의 해외 온라인데이터베이스를 제공하고 있다. 그리고 학술지논문, 대학교수인명, 대학연구소, 해외취득박사학위논문 등 학술

---

51) 한국교육학술정보원. 기관소개(이용안내), 1999. Available from: <http://www
.riss4u.net/> [cited 1999-07-20]

관련 정보를 제공하는 학술지원정보 DB를 구축하여 운영하고 있다. 여기에서 학술지 디지털화 사업은 학술지에 게재된 논문에 대한 종합목록을 구축하여 학술연구자에게 편리한 검색환경을 제공하기 위한 사업으로서 국내 대학도서관의 디지털화사업의 일환으로 추진하여 시공간적 제한 없이 최신의 학술정보를 활용할 수 있는 기반조성 및 가상도서관 구축을 목표로 진행하고 있다.52) KERIS의 학술지 논문 DB도 다른 데이터베이스와 마찬가지로 정보자료를 검색하는데 있어서 우선 검색결과의 간략정보에 접근해서 필요한 정보를 선택한 다음 필요에 따라 그에 대한 상세정보에 접근하게 된다. 하나의 간략정보와 그에 대한 상세정보의 화면을 제시하면 다음과 같다.

[간략정보]

제목
1) Planning for the Dissemination of Scientific and Technical Information in Information Centers in Korea: A Suggested Model / Kim, Mee Jean

이상의 간략정보에서는 논문의 제목과 저자명만이 항목으로 제시되어있는데, 이는 전술한 국내의 다른 데이터베이스의 간략정보보다도 제공정보가 간단하며, 다른 국내 DB의 최소한 두 가지 이상에서 공통적으로 나타나고 있는 발행년도, 원문수록처 등의 항목이 나타나지 않고 있다. 간략정보에서 상세정보로의 접근은 논문의 제목내용(Planning for the Dissemination …)을 선택하여 이루어진다.

---

52) 첨단학술정보센터. 국내정보기관시리즈(34) 첨단학술정보센터. 정보관리연구, 제29권 제3호, 1998. pp. 63~64.

[상세정보]

제어번호	135
논문명	Planning for the Dissemination of Scientific and Technical Information in Information Centers in Korea: A Suggested Model / Kim, Mee Jean
저자	Kim, Mee Jean(상명여자대학교 도서관학과 강사) 김미진
출판사항	서울: 韓國圖書館學會, 1991/06/20
게재사항	圖書館學(20집) pp.405-436
언어	영어
자료유형	기타자료
원문	초록	목차	Marc

　이상의 상세정보에서는 1) 제어번호, 2) 논문명, 3) 저자(저자소속 포함), 4) 출판사항, 5) 게재사항, 6) 언어, 7) 자료유형, 8) 원문, 9) 초록, 10) 목차, 11) Marc의 순으로 나타나 있다. 이러한 서지기술 순서는 먼저 분석된 다른 데이터베이스와 차이점이 있으며, 전술한 국회도서관, KINITI, KORDIC에서는 볼 수 없는 발행자 사항이 나타나는 것이 다른 점이다. 저자사항에 대하여 2) 논문명에 저자명이 포함되어 기술되어 있는데도 3) 저자에서 다시 표시하고 있어 중복 되고 있다. 그리고 3) 저자에서 저자소속을 포함시키고 있고, 국내저 자의 영문저자명을 우리말로도 기입하고 있는데, 이것은 검색의 접 근점을 부여한다는 점에서 효율적이라고 판단된다. 이 상세정보에서 는 8) 원문, 9) 초록, 10) 목차 등을 별도로 선택하여 접근할 수 있 도록 되어 있다.

5. LG 상남도서관 데이터베이스

　LG 상남도서관은 1996년 LG연암문화재단이 우리나라 학문과 기술의 발전에 기여하고자 하는 목적으로 설립된 과학기술 분야 전문 도서관이다. LG상남도서관은 具滋暻 LG 명예회장이 기증한 사저를 기반으로 설립되어 우리나라 최초의 디지털 도서관을 표방하여 개관 하였으며, 국내에서 구득하기 어려운 해외 과학기술 관련 정보를 집 중적으로 수집하고 이를 디지털화하여 1997년부터 컴퓨터 네트워크 를 통해 서비스하고 있다. LG상남도서관의 DB 구축사업은 전산관 리팀에서 수행하고 있으며, 1999년 현재 84만여 건에 이르는 연속 간행물 기사 등의 서지정보가 수록되어 있다. 회원제로 운영되고 있 는 이 도서관의 주이용자는 전국 대학의 이공계 교수 및 대학원생, 그리고 정부출연연구소와 기업연구소의 연구원 등이며, 이용자들은 도서관 정보 시스템에 접속하여 정보를 검색하고 필요한 자료의 원 문까지 온라인으로 이용할 수 있다.[53]

LG 상남도서관의 데이터베이스는 자료별 검색에서 학술잡지, 학술 비디오, 학회/협회자료, 학술회의개최정보, 교육용프로그램, CD-ROM 등으로 DB의 자료종류에 따라 선별검색하거나 이를 모두 통합 검색할 수 있다. LG상남도서관의 학술잡지 DB는 학술정보 전문기관인 ISI (Institute for Scientific Information)가 매년 발표하는 JCR (Journal Citation Reports)에 수록된 과학기술 각 분야 인용빈도 순위에 근거하 여 상위에 랭크된 핵심잡지를 선정·수집하여 서지사항과 원문이미지 를 DB로 제작하여 제공하고 있다.[54] LG상남도서관의 학술잡지 DB도 다른 데이터베이스와 마찬가지로 정보자료를 검색하는데 있어서 우선 검색결과의 간략정보에 접근해서 필요한 정보를 선택한 다음 필요에 따라 그에 대한 상세정보에 접근하게 된다. 하나의 간략정보와 그에 대 한 상세정보의 화면을 제시하면 다음과 같다.

---

53) LG상남도서관. 도서관소개, 1999. Available from: <http://www.lg.or.kr/intro /sn_intro.html> [cited 1999-07-26]
54) 곽승진. 국내정보기관시리즈(37) LG상남도서관. 정보관리연구, 제30권 제3 호, 1999. p. 75.

[간략정보]

<u>Finite element and experimental bases of a practical bridge management and maintenance system</u>

이상의 간략정보에서는 오직 논문의 제목만이 제시되어 있다. 이는 다른 어느 데이터베이스의 간략정보보다도 제공정보가 간단하며, 다른 국내 **DB**의 최소한 두 가지 이상에서 공통적으로 나타나고 있는 저자명, 발행년도, 원문수록처 등의 항목이 배제되어 있다. 간략정보에서 상세정보로의 접근은 논문의 제목내용(An Integrated Congestion…)을 선택하여 이루어진다.

[상세정보]

자료번호	JA0418-1999016-20
논문명	Finite element and experimental bases of a practical bridge management and maintenance system
저자명	Alaylioglu H, Alaylioglu A
저자소속	Alaylioglu H 12 Lynnro Gardens ZA-0081 Pretoria South Africa GPG Struct Pretoria South Africa
출처	SOURCE Computers & Structures, V.73 N.1-5, 281-293, 19991001 PUBLISHER(Country) Elsevier Science Inc. (us) LANGUAGE eng ISSN 0045-7949
원문	(13)Pages
초록	This paper describes the FE and experimental bases of a practical bridge management and maintenance (BMM) system. The proposed BMM system provides periodic monitoring against aging or urgent integrity and damage assessments of bridge structures at a minimal cost. The FEA is based on the hybrid technique, enhanced with computerized analytical FE integrating-generating symbolic algorithm modules for fast and accurate FE predictions. The resulting static and dynamic FEA scheme is PC portable and accommodates computer automated p-method of convergence analysis facility. …이하생략…

이상의 상세정보에서는 1) 자료번호, 2) 논문명, 3) 저자명, 4) 저자소속, 5) 출처(저널명, 권호, 발행일자, 발행자, 본문언어, ISSN), 6) 원문, 7) 초록의 순서로 나타나 있다. 여기에서는 5) 출처에서 저널명과 발행사항, 언어, 표준번호 등을 하나의 항목에 제시한 점이 특기사항이며, 전술한 국회도서관, KINITI, KORDIC에서는 볼 수 없는 발행자 사항이 나타나는 것이 다른 점이다.

이상에서 국내의 대표적인 서지데이터베이스에 있어서 연속간행물의 게재기사에 대한 서지기술양식을 분석한 바, 이들의 기술양식이 각각 서로 다르고 비논리적이고 비체계적이며 불합리한 부분이 많이 있음을 확인하였다.

B. 외국 데이터베이스의 데이터요소

외국의 대표적인 데이터베이스는 DB의 규모와 국제적인 정보제공 서비스의 우월성이 일반적으로 공인된 기관을 대상으로 하였다. 선정된 대표적인 기관과 DB는 다음과 같다. 그것은 1) OCLC First Search, 2) CSA의 IDS, 3) EBSCO Online, 4) NLM의 MEDLINE, 5) ERIC DB 등이다. 그리하여 이 항에서는 이들 데이터베이스에 수록된 서지적 자료를 상호대비적으로 분석하고자 한다.

1. OCLC (Online Computer Library Center) FirstSearch

OCLC는 전 세계 도서관 소장정보에 대한 접근성을 높이고, 최소한의 비용으로 효율적으로 정보를 공유하기 위하여 설립되었으며, 미국을 포함한 전 세계 70여 개국의 3만여 도서관이 참여하고 있는 비영리적인 연구기관이다. OCLC는 도서관의 편목작업과 원문서비스를 지원하고자 'First Search'[55]를 통하여 'World Cat' 등 60종 이상의 데이터베이스 검색서비스를 시행하고 있다. OCLC의 서지레코드는 대상 데이터 유형에 따라 레코드 작업을 위한 템플릿을 선택하여 해당 내용을 가변장 필드 태그로 기술하고 있다.

서지레코드는 미국의회도서관 등 참여기관으로부터 수집된다. 'First Search'의 검색은 해당주제 데이터베이스를 선별적으로 또는 전체를 선택하여 저자명, 제목, 정보원, 주제명 등으로 제한하여 검색할 수 있는데, 기본검색과 확장검색 및 전문가검색으로 검색양식을 지정하여 탐색할 수 있다. 입력 서지요소는 다음의 <표 5>와 같이 구성되어 있다.

<표 5> OCLC FirstSearch의 입력 서지요소

Bib. Info.(Label)			
Accession(an)		Language(la)	Series(se)
Author(au)		LC Control no.(ln)	Standard no.(sn)
Bowker Product code(bp)		LC-Type class no.(lc)	Subject(su)
Dewey class no.(dd)		Notes(nt)	Subject/Title/Contents(st)
Frequency(fq)		Other standard no.(on)	Summary(sm)
General headings(gh)		Publication location(pl)	Title(ti)
Government no.(gn)		Publisher(pb)	Uniform title(ut)
ISBN(bn)	ISSN(sn)	Report no.(rn)	Vendor informantion

OCLC FirstSearch의 데이터베이스도 정보자료를 검색하는데 있어서 우선 검색결과의 간략정보에 접근해서 필요한 정보를 선택한 다음 필요에 따라 그에 대한 상세정보에 접근하게 된다. 간략정보와 그에 대한 상세정보 화면의 예를 제시하면 다음과 같다.

---

55) OCLC. Connect to the OCLC References Services. Available from WWW: <http//www.ref.oclc.org/> [cited 1999-07-28]

[간략정보]

1. Architecture: Copy Courses..
Author: Phillips, Hal Source: Golf magazine. Year: 1999

이상과 같이 간략정보가 1) 기사명, 2) 저자명, 3) 저널명, 4) 발행년 등의 순으로 나타나 있으며, 핵심적인 기술요소 중에서 발행자명이 누락되어 있다. 간략정보에서 상세정보로의 접근은 제목내용(1. Architecture:…)을 선택하여 이루어진다.

[상세정보]

AUTHOR	Phillips, Hal
TITLE	Architecture: Copy Courses.
JOURNAL NAME	Golf magazine.
VOL, ISSUE	Volume 41, Number 9
PAGES	pp.58
PUB DATE	September 01
YEAR	1999
TYPE	Article
ABSTRACT	Replica holes are the sincerest form of flattery.
ISSN	0017-1808
J ALT NAME	Golf (New York, N.Y. : 1964)

이상에서 보는 바와 같이 상세정보에서는 서지적 기술요소들을; 1) 저자명, 2) 기사명, 3) 저널명, 4) 권호수, 5) 페이지 수, 6) 발행일자, 7) 발행연도, 8) 수록자료의 유형, 9) 초록, 10) ISSN, 11) 별서명과 발행사항이 기술되어 있다. 이와 같이 OCLC의 데이터베이스에서는 기술의 항목이나 그 기술순서가 대체로 종래의 일반적인 서지기술의 관행을 따르고 있다고 볼 수 있다.

그러나 8) 수록자료의 유형, 9) 초록, 11) 별서명(발행지, 창간년도 포함)을 기입하고 있는 것이 종래의 일반적인 관행에서는 볼 수 없었던 추가사항이며, 또한 이러한 사항들이 서지 데이터베이스에서는 필요한 특기사항이라고 말할 수 있을 것이다. 다만 6)에 발행일자의 난이 있는데, 7)에 발행연도를 기입하도록 한 것은 불합리하다고 판단된다. 즉, 발행일자와 발행년도를 하나로 통합하여 'September 01, 1999'와 같이 기술하는 것이 바람직할 것이다.

2. CSA (Cambridge Scientific Abstracts)의 IDS

IDS (Internet Database Service)는 미국의 Cambridge Scientific Abstracts, Inc.에서 제공하는 온라인 DB 서비스이다. CSA는 환경, 해양, 컴퓨터, 기계, 재료, 공학전반, 의학, 생명과학, 농학 등 과학기술 전 분야에 걸친 학술지, Proceedings의 논문단위 서지정보데이터를 포함하고 있는 세계 최대의 과학기술 데이터베이스로서 47종의 주제분야로 구성되어 있다. CSA의 Training & Information Specialist인 Leslie Holland에 의하면, "CSA는 표준입력양식이 없기 때문에, 하나의 표준화된 포맷을 사용할 수 없다. 이를 위해 End Notes, Pro Cite, Reference Manager와 같은 프로그램(filters)[56]을 통하여 변환하고 있다"[57]고 한다. CSA IDS의 Field Codes는 다음의 <표 6>과 같다.

---

56) from FTP:<ftp://ftp.niles.com/pub/pc/updated_filters/> [cited 1999 -08-19]

57) Leslie Holland for the Training and Information Specialist, Cambridge Scientific Abstracts, E-mail: lholland@csa.com ("CSA does not have a standard format for our records. We receive our records in many formats, and so we are not able to use one standardized format. There are filters available for EndNote, ProCite, and Reference Manager that are compatible with our databases.") [received 1999-08-19]

<표 6> CSA IDS의 Field Codes

AB	Abstract	IS	ISSN
AF	Author Affiliation	LA	Language
AN	Accession Number	NT	Notes
AU	Authors	NU	Other Numbers
CA	Corporate Author	OT	Original Title
CF	Conference	PB	Publisher
CL	Classification Code	PT	Publication Type
DE	Descriptors	PY	Publication Year
ED	Editor	SF	Subfile Name
EM	Entry Month	SL	Summary Language
ER	Environmental Regime	SO	Source
IB	ISBN	TI	Title
ID	Identifiers	TR	ASFA Input Center Number

CSA의 데이터베이스도 정보자료를 검색하는데 있어서 우선 검색 결과의 간략정보에 접근해서 필요한 정보를 선택한 다음 필요에 따라 그에 대한 상세정보에 접근하게 된다. 하나의 간략정보와 그에 대한 상세정보의 화면을 예시하면 다음과 같다.

[간략정보]

Record: 1 of 3	View Record
TI:	Diagnosis of the Three-Dimensional Circulation Associated with Mesoscale Motion in the California Current
AU:	Shearman RK; Barth JA; Kosro, PM
SO:	Journal of Physical Oceanography [J. Phys. Oceanogr.], vol. 29, no. 4, pp.651-670, Apr 1999

이상과 같이 1) 기사명, 2) 저자명, 3) 수록처 (저널명, 축약잡지명, 권호수, 페이지 수, 발행년월)가 표시되어 있으며, 핵심적인 기술요소 중에서 발행자명이 누락되어 있다. 간략정보에서 상세정보로의 접근은 'View Record'를 선택하여 이루어진다.

[상세정보]

TI:	**Title** Diagnosis of the Three-Dimensional Circulation Associated with Mesoscale Motion in the California Current
AU:	**Author** Shearman, RK; Barth, JA; Kosro, PM
AF:	**Author Affiliation** College of Oceanic and Atmospheric Sciences, Oregon State University, Corvallis Oregon, USA
SO:	**Source** Journal of Physical Oceanography [J. Phys. Oceanogr.], vol. 29, no. 4, pp.651-670, Apr 1999
IS:	**ISSN** 0022-3670
PB:	**Publisher** American Meteorological Society
AB:	Abstract -- 생략 --
LA:	**Language** English
SL:	**Summary Language** English
PY:	**Publication Year** 1999
PD:	**Publication Date** 19990400
PT:	**Publication Type** Journal Article
De:	**Descriptors** Coastal jets; Oceanic eddies; Doppler sonar Qeostrophic flow Temperature profiles; Salinity data Cyclonic motion Potential vorticity; Conservation of vorticity; INE, USA, California INE, California Current
ER:	**Environmental Regime** Marine
TR:	**ASFA Input Center Number** CS9910646
CL:	**Classification** Q2 02146 TSD distribution, water masses and circulation O 2010

	Physical Oceanography
EM:	Entry Month 9906
SF:	Subfile ASFA 2: Ocean Technology Policy & Non-Living Resources; Oceanic Abstracts
AN:	Accession Number 4508779

이상에서 보는 바와 같이 기술요소들은 1) 기사명, 2) 저자명, 3) 저자의 소속, 4) 원문수록처(저널명, 권호, 페이지, 발행년월), 5) ISSN, 6) 발행자, 7) 초록, 8) 본문언어, 9) 요약문언어, 10) 발행년도, 11) 발행일자, 12) 자료유형, 13) 주제어, 14) 환경구분, 15) 입력기관번호, 16) 분류번호, 17) 입력년월, 18) 수록화일, 19) 제어번호 등으로서 CSA는 OCLC나 기타의 데이터베이스에 비하여 데이터요소 기술항목의 수가 대단히 많다.

한편 앞의 OCLC의 경우와는 달리 서지레코드 기술항목의 순서에 있어서 저자명 보다 기사명이 먼저 서두에 기술된다는 점이 다르고, 기술항목명칭에 있어서 원문수록처를 Source라고 표시한 것이 다르다. 그리고 4) 원문수록처의 끝부분에 발행년월을 기술하였으면서, 10) 발행년도, 11) 발행일자를 별도의 항목으로 중복기술하고 있다. 또한 저자의 소속, 본문언어, 요약문의 언어, 주제어, 환경구분, 입력기관번호, 분류번호, 입력년월, 수록화일, 제어번호 등이 추가되어 있어서 입력양식이 대단히 복잡하다는 것을 알 수 있다. 한편 이상의 항목들 중에서 저자의 소속, 환경구분, 입력번호, 분류번호, 입력년월, 수록화일 등은 이용자들에게는 필수적인 사항이라고 볼 수 없다. 그리고 특히 이미 초록이 검색화면에 나타나 있으므로 요약문의 언어표시는 불필요한 것으로 판단된다.

3. EBSCO Online

EBSCO 는 1944년 미국 알라바마주 버밍햄에서 학술잡지 구독대행사로 설립되었다. 1984년에 각 도서관에 대하여 연속간행물의 참고문헌을 제공하기 위해 EBSCO Publishing을 설립하였고, 1987년에는 한국의 도서관서비스를 위하여 엡스코 한국지사를 개설한 바 있다. 그리고 1999년 1월에 EBSCO Online의 정식 버전인 1.0이 출시되어 국내의 도서관(대학, 연구소, 산업체 등)에서도 사용 중에 있다. EBSCO Online에서 제공되는 EBSCOhost는 전자적 정보의 집합 중개자로서 현재 70여종의 DB가 있으며, 대표적인 DB로서 "Academic Search Fulltext Elite", "Business Source Premier" 등이 있다. 현재 全文이 실려 있는 잡지의 종수가 2,250여종 이상이며, 3,800여종에 대해서는 초록을 제공하고 있다.58)

EBSCO Online의 데이터 입력을 위한 Field Codes에 대하여 EBSCO사에 문의한 바, 'EBSCO Online에는 그러한 Field Codes가 없으며, 검색 시에 각 검색필드를 위한 별도의 창을 제공한다'59)고 한다.

EBSCO Online에서는 ARTICLE Search, JOURNAL Search, Browse의 탐색기능이 있는데, 본 연구에서는 ARTICLE Search를 통한 연속간행물기사의 검색결과를 분석대상으로 하였다.

EBSCO Online의 데이터베이스도 정보자료를 검색하는데 있어서 우선 간략정보에 접근하여 필요한 정보를 선택한 다음 필요에 따라 그에 대한 상세정보에 접근하게 된다. 간략정보와 그에 대한 상세정

---

58) EBSCO Korea. Available from WWW: <http:// www-kr.ebsco.com/ esskorea/Intro.htm/> [cited 1999-07-28]

59) Rose Jang, Customer Service, EBSCO Int'l Korea, Email: rjang@ebsco.com ("Regarding the customer's question, there are no such field codes on EBSCO Online, as we provide a separate text box for each searchable field.") [received 1999-08-23]

보의 화면을 예시하면 다음과 같다.

[간략정보]

	□ Show Field Labels
MARIA C. JIMENEZ HAMANN, MICHAEL S. SACKS, THEODORE 1. MALININ. Qualification of the collagen fibre architecture of human cranial dura mater (Fibre architecture of dura mater). *Journal of Anatomy*, 1998(Vol. 192, No. 1).	
Publisher:	Cambridge University Press
Abstract Excerpt:	The purpose of this Study was to quantify and map the gross fibre architecture …이하 생략…

이상과 같이 간략정보에서는 1) 저자명(3인), 2) 기사명(축약기사명 포함), 3) 저널명, 4) 발행년도, 5) 권호수, 6) 발행자, 7) 초록 등 7가지 의 기본적인 서지기술요소가 전통적인 기술순서에 따라 표시되어 있 다. 다만 표현된 화면구도가 특이하고, 발행자명이 4번째에 기술되지 않고 별도로 끝부분에 기입된 것이 다른 점이다. 간략정보에서 상세정 보로의 접근은 'Show Field Labels'을 선택하여 이루어진다.

[상세정보]

Authors:	MARIA C. JIMENEZ HAMANN, MICHAEL S. SACKS, THEODORE 1. MALININ
Article:	Qualification of the collagen fibre architecture of human cranial dura mater (Fibre architecture of dura mater)
Journal:	Journal of Anatomy
Enumeration:	Volume 192, Number 1
Chronology:	January 1998
Publisher:	Cambridge University Press
Abstract Excerpt:	--생략--

이상과 같이 상세정보의 서지기술항목도 1) 저자명, 2) 기사명, 3)

저널명, 4) 권호수, 5) 발행년월, 6), 발행자, 7) 초록 등 7개의 항목으로 구분하여 표현하고 그 내용은 다만 Chronology라는 항목에서 월표시(January)를 추가했을 뿐으로 간략정보에 비하여 추가된 항목이 빈약하다. 특히, 논문의 수록위치에 대한 페이지 표시가 누락되어 있는 점은 큰 결함이다. 또한, EBSCO의 상세정보는 이상의 OCLC나 CSA에 비하여 가장 간략하다. 그리고 또 다른 특징은 기술항목명에 있어서 Title을 Article로, Journalname을 Journal로, 권호수(Vol. Issue)를 Enumeration으로, 연도나 날짜를 Chronology로 하여 OCLC나 CSA와는 다르게 표시하고 있다.

4. MEDLINE

MEDLINE (MEDlard onLINE)은 미국의 국립보건원(National Institutes of Health) 산하의 국립의학도서관 (U.S. National Library of Medicine: NLM)이 개발하여 전산화한 의학 분야의 종합적인 검색도구로서 MEDLARS 시스템에 수록되어 있는 40여종의 데이터베이스 중에서 가장 대표적인 것이다.[60]

MEDLINE 은 1999년 4월 현재 미국을 비롯한 전 세계 70여 개국에서 출판된 4,500여종의 의학 및 생물학 저널에 게재된 논문의 서지사항과 초록이 데이터베이스화되어 있으며, 1966년도부터 현재까지의 약 900만여 건의 데이터가 영문으로 수록되어 있다. 주요 수록내용은 의학 관련자료가 수록된 "Index Medicus"와 치의학 및 간호학에 대한 자료가 수록된 "Index to Dental Literature"와 "International Nursing Index"를 통합하여 DB화한 것이다. MEDLINE 내의 각 레코드는 MEDLINE UID (MUID in PubMed) 라는 ID 번호로 식별되며, 의학

---

60) 이진영, 정상경. 의학전문사서의 정보이용행태에 관한 연구. 한국도서관·정보학회지, 제30권 제2호, 1999. 6. p. 124.

문헌의 선정 및 DB구축은 NLM과 International MEDLARS partners, 의료전문단체 등의 지원으로 작성된다. MEDLINE의 데이터는 매주 PubMed로 갱신되며 PubMed의 ID(PMID)가 부여된다.61)

PubMed는 NLM의 국립생물학기술정보센터(National Center for Biotechnology Information)에 의한 프로젝트로써 의학문헌의 서지사항을 탐색하거나 인터넷상의 출판사 사이트에 있는 전자저널원문(full text journal)에 링크하기 위한 검색도구로서 의학서적출판사와의 제휴로 운영되고 있다. PreMEDLINE에는 MEDLINE에 게재되기 전의 인용문이나 요약이 수록되어 있다. 신규 데이터는 매일 추가·갱신되어 검증된 데이터는 MEDLINE에 추가되어 PubMed의 ID (PMID)가 부여된다. MEDLINE의 Field Codes는 다음의 <표 7>과 같다.62)

<표 7> MEDLINE의 Field Codes

Author Name	MeSH Major Topic	Text Word
Affiliation	MeSH Terms	Title Word
E.C. Number	Page	Volume
Issue	Publication Date	MEDLINE ID
Journal Name	Publication Type	PubMed ID
Language	Substance Name	

MEDLINE 의 데이터베이스도 정보자료를 검색하는데 있어서 우선 간략정보에 접근하여 필요한 정보를 선택한 다음 필요에 따라 그에 대한 상세정보에 접근하게 된다. 간략정보와 그에 대한 상세정보의 화면을 예시하면 다음과 같다.

---

61) National Library of Medicine. PubMed, 1999. Available from WWW: <http://www.ncbi.nlm.nih.gov/PubMed/> [cited 1999-06-25]
62) National Library of Medicine. PubMed, 1999. Available from WWW: <http://www.ncbi.nlm.nih.gov/PubMed/> [cited 1999-06-25]

[간략정보]

Noort D et al.

Alkylation of human serum albumin by sulfur mustard in vitro and in vivo: mass spectrometric analysis of a cysteine adduct as a sensitive biomarker of exposure.
Chem Res Toxicol. 1999 Aug; 12(8): 715-21.

PMID: 10458705; UI: 99387934.

이상과 같이 간략정보에서는 1) 저자명, 2) 기사명, 3) 원문수록처 (저널명, 발행년도, 권호수, 페이지), 4) 제어번호가 나타나고 있는데, 이들의 서지기술요소는 비교적 전통적인 기술순서에 따라 표시되어 있다. 간략정보에서 상세정보로의 접근은 저자명(Noort D, et al.)을 선택하여 이루어진다.

[상세정보]

Chem Res Toxicol 1999 Aug 16;12(8):715-721

Alkylation of Human Serum Albumin by Sulfur Mustard in Vitro and in Vivo:
Mass Spectrometric Analysis of a Cysteine Adduct as a Sensitive Biomarker of Exposure.

Noort D, Hulst AG, de Jong LP, Benschop HP

Department of Chemical Toxicology and Department of Analysis of Toxic and Explosive Substances, TNO Prins Maurits Laboratory, P.O. Box 45, 2280 AA Rijswijk, The Netherlands.

[Record supplied by publisher]

To develop a mass spectrometric assay ofr the detection of sulfur mustard adjuncts with human serum albumin, the following steps were performed: quantitation of the binding of the agent to the protein by using [(14)C]sulfur mustard and analysis of acidic and tryptic digests of albumin from blood after exposure to sulfur mustard for identification of alkylation sites in the protein. The T5 fragment containing an alkylated cysteine could be detected in the tryptic digest with micro-LC/tandem MS analysis. Attempts to decrease the detection limit for in vitro exposure of human blood by analysis of the alkylated T5 fragment were not successful. After Pronase treatment of albumin, …이하생략…

PMID: 10458705

이상과 같이 상세정보의 서지기술항목은 1) 원문수록처(저널명, 발행년월, 권호수, 페이지), 2) 기사명, 3) 저자명, 4) 저자소속, 5) 초록, 6), 제어번호와 같이 6개의 항목으로 구분하여 표현하고 있으나, 내용상으로 보면 간략정보에 비하여 저자소속과 초록이 추가되어 있을 뿐이다. 특이한 점은 다른 데이터베이스와 달리 각 서지기술요소의 항목명이 전혀 표시되어 있지 않은 것이다. 또한, 2) 기사명과 3) 저자명보다 1) 원문수록처를 제일상단에 나타낸 것이 다른 데이터베이스와 다른 점이며, 이는 인쇄판 논문기사의 표제지 형태와 유사하다.

5. ERIC Database

ERIC Database는 미국 교육부 산하의 교육자원정보센터(Educational Resources Informatiopn Center)에서 제작하여 제공하는 서지 DB로서 교육관련 문헌과 학술지 기사를 수록하고 있다. ERIC DB는 두 가지의 인쇄판으로 제공되는 색인초록지인 *Resources in Education (RIE)*와 *Current Index to Journals in Education* (CIJE)과 동일한 내용이다. RIE는 매년 14,000여 문헌이 추가되고, CIJE에는 900여종의 저널에서 추출된 20,000여건의 기사가 매년 추가·갱신되며, 수록범위는 1966년부터 1999년 현재까지 약 100만 건의 레코드를 보유하고 있다.[63]

---

63) Dialog Corporation. Dialog Bluesheets, 1999. Available from WWW: <http:// library.dialog.com/bluesheets/pdf/bl0001.pdf> [cited 1999-06 -25]

ERIC의 문헌재생산서비스(ERIC Document Reproduction Service: EDRS)에서는 ERIC 데이터베이스에 수록된 정보에 대해서 인쇄판과 마이크로폼 형태의 RIE와 CIJE로 발간한다. ERIC DB의 주제분야는 초·중·고등교육, 교육경영, 언어학, 교수방법 등 16개의 주제분야로 구성되어 있다.

ERIC의 데이터베이스도 정보자료를 검색하는데 있어서 우선 간략정보에 접근하여 필요한 정보를 선택한 다음 필요에 따라 그에 대한 상세정보에 접근하게 된다. 간략정보와 그에 대한 상세정보의 화면을 예시하면 다음과 같다.

[간략정보]

ED347819. Wongsothorn, Achara. Relationship between Learning Modes and the Beginners' Success in English. RELC Journal: A Journal of Language Teaching and Research in Southeast Asia v.1 n.9 p.31-45 Jun 1987

이상과 같이 간략정보에서는 1) 제어번호, 2) 저자명, 3) 기사명, 4) 저널명, 5) 권호수, 6) 페이지, 7) 발행년월의 순서로 나타나고 있으며, 이들의 서지기술요소도 MEDLINE과 마찬가지로 비교적 전통적인 기술순서에 따라 표시되어 있다. 간략정보에서 상세정보로의 접근은 제어번호(ED347819)를 선택하여 이루어진다.

[상세정보]

ERlC NO:	ED347819
TITLE:	Relationship between Learning Modes and the Beginners' Success in Enlish.
AUTHOR:	Wongsothorn, Achara
JOURNAL_CITATION:	RELC *Journal: A Journal* of Language Teaching and Research in Southeast Asla; v1 n9 Jun 1987
LANGUAGE:	English
DESCRIPTORS:	Cognitive Style; Elementary Secondary Education *English(Second Language); Foreign Countries Higher Education *Language Proficiency; Language Research Listening Skills; Predictor Variables; Reading Skills; *Second Language Instruction Second Language Learning *Student Motivation Success Testing
ABSTRACT:	To investigate the influence of student modes of learning, or preferences for modes of learning, researchers at the Chulalongkorn University (Thailand) studied 97 Thai students who were beginners of English. It was hypothesized that: (1) aural and visual modes of listening and reading are related to achievement in English (2) language aptitude, attitudes and motivation, non-verbal I.Q., study habits, and years of English are related to achievement in self-study programs; and ⋯이하생략⋯
GEOGRAPHIC_SOURCE:	Thailand
CLEARINGHOUSE_NO:	FL020344
PUBLICATION_TYPE:	080; 143
PUBLICATION_DATE:	1987
EDRS_PRICE:	EDRS Price - MF01/PC01 Plus Postage.
PAGE:	18p.

이상과 같이 상세정보의 서지기술항목은 1) 제어번호, 2) 기사명, 3) 저자명, 4) 원문수록처(저널명, 권호수, 발행년월), 5) 본문언어, 6) 주제어, 7)초록, 8) 지리정보, 9) 제공기관번호, 10) 자료유형, 11) 발행년도, 12) 가격정보, 13) 페이지의 순서로 항목명을 구분하여 표현하

고 있다. 여기에서는 4)와 13)에 권호수와 페이지를 다른 항목으로 기입하였는데, 이를 하나의 항목에 기입하도록 하는 것이 바람직하다고 판단된다. 또한, 다른 외국의 데이터베이스에서는 모두 표시되어 있는 표준번호(ISSN)가 없는 것도 결함이라고 볼 수 있을 것이다.

C. 국내의 기사DB 서지데이터요소 비교분석

전술한 A항에서는 국내의 국회도서관, 산업 기술정보원, 연구개발정보센터, 한국교육학술정보원, LG상남도서관 등 5개 기관의 데이터베이스의 서지기술양식을 분석하였다. 이를 전체적으로 보면 우선 이들 다섯 가지 데이터베이스 서지데이터의 기술요소의 명칭이 서로 다른 것들이 많이 있다. 이들 서지데이터요소의 명칭을 대비해 보면 다음의 <표 8>와 같다.

<표 8> 국내DB의 서지데이터요소의 명칭 대비표

	데이터요소	국회도서관	KINITI	KORDIC	KERIS	LG상남 도서관
1	표제	기사명	기사명	제목	논문명	논문명
2	저자	저자명	저자	개인저자명	저자	저자명
3	저널명	수록잡지명	잡지명	원문수록처	게재사항	출처
4	발행자	(없음)	(없음)	(없음)	출판사항	(In 출처)
5	권호표시	(In 수록잡지명)	권호, 페이지, 년도	(In 원문수록처)	(In 게재사항)	(In 출처)
6	페이지수	(In 수록잡지명)	〃	페이지	(In 게재사항)	(In 출처)
7	발행일자	(In 수록잡지명)	〃	(In 원문수록처)	(In 출판사항)	(In 출처)
8	자료 유형	(없음)	(없음)	자료유형	자료유형	(없음)

9	초록	(없음)	(없음)	초록	초록	초록
10	ISSN	(없음)	ISSN	ISSN	(없음)	(In 출처)

　　이상의 <표 8>에서 보는 바와 같이 기사 데이터베이스의 서지기술항목에 대해서 비교해 보면; 1) 논문기사의 표제를 국회도서관과 KINITI에서는 "기사명"이라고 했는데, KORDIC에서는 "제목"이라고 하였고, KERIS와 LG상남도서관은 "논문명"이라고 표시하고 있으며, 2) 논문기사의 저자에 대해서는 국회도서관과 LG상남도서관은 "저자명", KINITI와 KERIS는 "저자", KORDIC은 "개인저자명"이라고 표시하고 있다. 3) 논문기사가 수록된 저널명에 대해서도 국회도서관에서는 "수록잡지명", KINITI에서는 "잡지명", KORDIC에서는 "원문수록처", KERIS에서는 "게재사항", LG상남도서관에서는 "출처"라고 각각 표시하고 있다. 4) 발행자사항은 KERIS에서는 "출판사항", LG상남도서관에서는 "출처"에 포함하여 기술하고 있으며, 나머지 세가지 데이터베이스에서는 이 항목이 나타나지 않고 있다. 5) 권호표시에 대해서는 국회도서관에서는 "수록잡지명"에 포함하여 기입하였고, KINITI에서는 "권호, 페이지, 년도"의 항목에 권호수를 기입하였고, KORDIC에서는 "원문수록처"에 포함하여 기입하고, KERIS에서는 "게재사항"에 포함하여 기입하였으며, LG상남도서관에서는 "출처"에 포함하여 기입하였다. 6) 페이지 수에 대해서도 다른 데이터베이스는 마찬가지이나, KORDIC만이 "페이지"의 항목을 별도로 두고 있다. 7) 발행연도나 일자에 대해서도 앞의 경우와 동일한데, KERIS에서만 "발행사항"에 포함하여 표시하고 있다. 8) 자료의 유형에 대해서는 국회도서관, KINITI, LG상남도서관에는 항목이 없으며, KORDIC과 KERIS는 "자료유형"이라고 기입하고 있다. 9) 초록은 국회도서관과 KINITI는 이에 대한 항목이 없으며, KORDIC, KERIS, LG상남도서관은 "초록"이라고 항목을 두어 기입하고 있다. 10) 표준번호(ISSN)에 대해서는 국회도서관과 KERIS는

항목이 없으며, KINITI와 KORDIC은 "ISSN"으로 기입하고 있고
LG상남도서관에서는 "출처"에 포함하여 기입하고 있다.

　상기 B항에서는 외국의 OCLC, CSA, EBSCO, ERIC, MEDLINE의
다섯 가지 데이터베이스의 서지기술양식를 분석하였다. 이를 보면 이
들 외국의 5개 기관의 데이터베이스 중에서 MEDLINE은 서지기술요
소의 항목명이 없으므로 이를 제외하고, 나머지 네 가지 데이터베이스
서지데이터의 기술요소의 명칭을 비교해 보면 국내의 데이터베이스와
마찬가지로 이 또한 서로 다른 것들이 많이 있음을 알 수 있다. 이들
서지데이터요소의 명칭을 대비해 보면 다음의 <표 9>과 같다.

<표 9> 외국DB의 서지데이터요소의 명칭 대비표

	OCLC	CSA	EBSCO	ERIC
1.	Title	Title	Article	Title
2.	Author	Author	Authors	Author
3.	Journal name	Source	Journal	Journal Citation
4.	(No pub.)	Publisher	Publisher	(No pub.)
5.	Vol. Issue	(In source)	Enumeration	(In Journal citation)
6.	Pages	(In source)	(No pages)	Page
7.	Pub. date	Publication date	Chronology	Pub. Date
8.	Type	Publication type	(No pub. type)	Pub. Type
9.	Abstract	Abstract	Abstract	Abstracts
10.	ISSN	ISSN	(No ISSN)	(No ISSN)

　이상의 <표 9>에서 보는 바와 같이 게재기사의 서지기술항목에 대
해서 비교해 보면; 1) 논문기사의 표제에 대해서 OCLC, CSA, ERIC
에서는 "Title"이라고 하였는데, EBSCO만이 "Article"이라고 하였다.
그리고 2) 논문기사의 저자표시는 네 가지의 데이터베이스가 동일하
나 다만 EBSCO의 경우 2인 이상의 저자를 위하여 "authors"라고 복
수로 표시한 것이 다를 뿐이다. 3) 논문기사가 수록된 저널명에 대해
서 OCLC에서는 "Journal name", CSA에서는 "Source", EBSCO에서

는 "Journal", ERIC에서는 "Journal citation"이라고 하였다. 4) 발행자사항에 대해서 OCLC와 ERIC에서는 발행자 항목이 없으며, CSA와 EBSCO에는 발행자 항목이 있다. 5) 권호수에 대해서 OCLC에서는 "Vol. ISSUE", CSA에서는 별도의 항목표시가 없이 "Source"에서 저널명 다음에 권호수를 기입하였고, EBSCO에서는 항목명을 "Enumeration"이라고 하였으며, ERIC에서는 "Journal citation"에 포함하여 기입하였다. 6) 페이지 수에 대해서 OCLC와 ERIC에서는 "Pages"라는 별도의 항목명이 있는데 CSA에서는 별도의 항목명이 없이 "Source"라는 항목명 내에 페이지 수를 기입하고, EBSCO에서는 페이지표시에 대한 항목자체가 없다. 7) 발행연도나 일자에 대해서 OCLC에서는 "Pub. Date"와 "Year"가 별도의 항목으로 구분되어 표시되어 있고, CSA에서도 "Publication year"와 "Publication date"가 별도의 항목으로 표시되어 있는데, EBSCO에서는 "Chronology"라는 항목으로 발행연월이 함께 표시되고 있으며, ERIC에서는 "Journal citation"에 발행년월을 기입하고 "Pub. Date"에 다시 발행년도를 기입하고 있다. 8) 자료의 유형에 대해서 OCLC에서는 "Type", CSA와 ERIC에서는 "Publication type"이라고 했는데 EBSCO에는 이에 대한 항목이 없다. 9) 초록은 모두 "Abstract"로 동일하며, 10) 표준번호는 EBSCO와 ERIC은 이 항목이 없으며, 나머지 두 가지 데이터베이스는 "ISSN"으로 동일하다.

이상의 <표 8>과 <표 9>로부터 살펴본 바, 결론적으로 말하면 국내의 대표적인 서지데이터베이스로서 국회도서관, KINITI, KORDIC, KERIS, LG상남도서관과 외국의 대표적인 서지데이터베이스로서 OCLC, CSA, EBSCO, MEDLINE, ERIC의 서지기술요소는 기술항목의 명칭이 서로 다른 점이 많고, 기술항목의 기술순서도 서로 다르고 (<표 10> 참조), 기술의 상세도에 있어서도 상당히 다르다는 것을 알 수 있다. 그러므로 여러 가지의 데이터베이스를 이용하는 사람들은 동일한 자료를 검색하는데 있어서, 검색된 자료의 표현양식이 서로 다르기 때문에 혼란스럽고 자료에 대한 이해에도 불편할 수밖에 없다.

이러한 현상은 서지기술요소에 대한 통일적인 기준이 없이 데이터베이스마다 각기 다른 기준을 적용하여 입출력하였기 때문이다. 따라서 앞으로 데이터베이스의 입력양식이나 컴퓨터의 화면에 나타나는 출력양식에 대한 국제적인 표준화가 절실히 요구된다.

또한 <표 10>을 분석한 바에 의하면 주요한 서지데이터요소의 순서에 대하여 다음과 같은 결과를 도출할 수 있다. 10개 기관의 데이터베이스에서 3회이상 출현한 서지데이터요소는 표제, 저자, 저널명, 권호표시, 페이지 수, 발행일자 (이상 10회), 제어번호, 초록 (이상 8회), 언어 (7회), 저자소속 (6회), ISSN, 자료유형 (이상 5회), 발행자, 키워드 (이상 4회), 주제분야, 소장기관 (이상 3회)과 같다. 10회 출현한 요소 중에서 최 상위 출현 서지요소들인 표제, 저자에 대하여 처음 출현한 순서에 따라 10점에서 1점까지의 10단계의 점수를 부여하여 합산하면 표제는 88점, 저자는 86점으로 나타난다. 그리고 출현순서에서 서지데이터요소 중 그다지 중요한 의미가 없는 제어번호를 제외하면 표제의 제1출현 횟수는 6회, 저자의 제1출현 횟수는 3회로 나타난다. 이에 따라 서지데이터요소의 제일 처음의 순서는 표제, 저자 순으로 하는 것이 바람직하다. 또한 10개 기관의 DB에서 3회 이상 출현한 데이터요소를 기본요소의 근거로 삼아야 할 것이다.

<표 10> 국내외 DB의 서지데이터요소 및 순서 대비표

데이터요소	국회도서관	KINITI	KORDIC	KERIS	LG 상남 도서관	OCLC	CSA	EBSCO	MEDLINE	ERIC	(출현빈도)
표제	○ 2-1	○ 2	○ 6	○ 2	○ 2	○ 2	○ 1	○ 2	○ 2	○ 2	(10)
저자	○ 2-2	○ 3	○ 4	○ 3	○ 3	○ 1	○ 2	○ 1	○ 3	○ 3	(10)
저널명	○ 3-1	○ 9	○ 11-1	○ 5-1	○ 5-1	○ 3	○ 4-1	○ 3	○ 1-1	○ 4-1	(10)
발행자	×	×	×	○ 4-2	○ 5-5	×	○ 6	○ 6	×	×	(4)
권호표시	○ 3-2	○ 12-1	○ 11-2	○ 5-2	○ 5-2	○ 4	○ 4-2	○ 4	○ 1-3	○ 4-2	(10)
페이지수	○ 3-4	○ 12-2	○ 7	○ 5-3	○ 5-3	○ 5	○ 4-3	×	○ 1-4	○ 13	(10)
발행일자	○ 3-3	○ 5, 12-3	○ 11-3, 13	○ 4-3	○ 5-4	○ 6.7	○ 4-4, 10, 11	○ 5	○ 1-2	○ 4-3, 11	(10)
자료유형	×	×	○ 1	○ 7	×	○ 8	○ 12	×	×	○ 10	(5)
초록	×	×	○ 8	○ 8-2	○ 7	○ 9	○ 7	○ 7	○ 5	○ 7	(8)
ISSN	×	○ 10	○ 11-4	×	○ 5-7	○ 10	○ 5	×	×	×	(5)
기타사항	제어번호 1	제어번호 1 저자소 3-2 입력일 자 4 발행국 6 발행언어 7 키워드 8 주제분야 13	작성언어 2 소장기관 3 저자소속 4-1 주제코드 5 검색키워드 9 저자키워드10 제어번호 13	제어번호 1 저자소속 3-2 발행지 4-1 언어 6 원문 8-1 목차 8-3	자료번호 1 저자소속 4 언어 5-6 원문 6	저널별서명 11-1 발행지 11-2 창간년도 11-3	저자소속 3 본문언어 8 초록언어 9 주제어1 3 환경구분 14 입력기관 15 분류번호 16 입력일자 17 보조화일 18 제어번호 19		저자소속 4 제어번호 6	제어번호 1 언어 5 주제어 6 지리정보 8 제공기관 9 가격정보 12	제어번호 (8) 언어 (7) 저자소속 (6) 키워드 (4) 주제분야 (3) 소장기관 (3) 입력일자 (2)

<범례> ○, ×: 데이터요소 존재여부, 고딕 숫자: 데이터요소 기입순서, ( ): 전체출현횟수

Ⅳ. ISO 690의 내용과 기사DB에의 적용가능성 분석

이 장에서는 ISO 690의 서지기술요소를 분석하여 이를 데이터베이스에 적용할 수 있는지의 여부를 면밀히 검토하고자 한다.

왜냐하면 연속간행물 기사의 데이터베이스 구축을 위하여 이에 대한 기술양식의 표준이 될 만한 지침이 현재로서는 없기 때문이다. 물론 ISO 690은 본래 정보검색을 위한 데이터베이스에 있어서의 서지기술양식을 표준화하기 위해서 제정된 것이 아니라 학술논문이나 저서에 있어서 그 연구와 관련된 참고문헌을 열거하는데 주로 적용하기 위해서 제정된 것이다. 그런데 이 ISO 690에서 규정하고 있는 서지기술양식이 국제적으로 모든 주제분야에 걸쳐 그것이 바람직한 것으로 수용되어 이미 30년 이상 통용되고 있는 것이기 때문에 본 연구에서 이를 분석대상으로 삼았으며, 또한 ISO 690의 서지기술양식을 기본적인 모델로 하여 여기에 데이터베이스에 필요하고 적절한 기술요소를 추가하면 합리적이고 바람직한 표준이 될 것이라고 판단되기 때문이다.

A. ISO 690의 형성과정

ISO 690은 1968년에 제정된 ISO R690에서 비롯된 것이다. 이것은 Deutscher Normenausschuss (DNA)에서 개최된 문헌정보(Documentation)사무국 기술위원회(ISO/TC 46)에 의하여 작성되었다. 이에 대한

기술위원회의 작업은 1951년에 시작되어 1962년에 ISO 권고초안으로 채택되었다.64)

이 ISO 권고초안(No.722)은 심의를 받기 위해서 1964년 6월에 모든 ISO회원단체에 배포되었다. 이것은 편집상 약간의 수정을 한다는 것을 조건으로 하여 주요 회원단체에 의하여 승인되었던 것이다.65)

ISO 권고초안은 ISO 평의회에 서면으로 제출되었고, ISO 평의회에서는 이것을 1968년에 하나의 ISO Recommendation으로 승인하기로 결정하였다.

다음으로 1975년에 ISO 기술위원회(ISO/TC 46 *Documentation*)에서는 ISO 690 초판을 발표하였으며, 1987년에는 초판(ISO 690: 1975)을 폐지하고 그 중에서 기술적인 개정부분과 ISO 3388-1977를 통합하여 ISO 690-1987(E): Documentation- Bibliographic references-Content, form and structures로 대치하였다.66)

한편 1997년에는 ISO 690-2-1997 Information and documentation-Bibliographic references-Part 2: Electronic documents or parts thereof67)가 제정되어 발표되었다. 이와 같이 ISO 690-1987(E)은 종래의 인쇄매체에 대한 서지적 참조의 국제표준이고, ISO 690-2-1997은 ISO 690의 Part 2로서 전자문헌의 서지적 참조에 대한 국제표준이다.

또한 'ISO 690-2-1997의 서문의 주기에서는 ISO 690-1987(E)은 ISO 690-1로 개정될 것이라고 언급'68)하고 있는데, 현재까지 이에

---

64) ISO Recommendation R690-1968: Bibliographic References-Essential and Supplementary Elements.
65) 정필모 편역. 학술정보매채의 표준화야 관한 지침. 한국도서관협회, 1978. p. 22.
66) ISO 690-1987: Documentation-Bibliographic references- Content, form and structures.
67) ISO 690-2-1997: Information and documentation-Bibliographic references-Part 2: Electronic documents or parts thereof.
68) *Loc. cit.*

대한 개정판은 발간되지 않고 있다. ISO/TC의 한 secretariat인 Jane Thacker에 의하면 "이 국제표준의 현재의 판본은 아직 효용성이 있기 때문에 당장은 ISO 690: 1987(E)을 개정할 계획은 없다. 우리는 전자문헌에 대한 참조를 위한 표준을 Part 2로 발행했기 때문에, ISO 690은 공식적인 것은 아니지만 ISO 690의 Part 1이 되는 것"69)이라고 한다.

B. ISO 690의 핵심적 내용

이 절에서는 이상에서 밝힌 두 가지의 ISO 690 중에서 전자문헌의 서지적 참조에 대한 표준인 Part 2는 제외하고, 종래의 인쇄매체에 대한 서지적 참조의 국제표준인 ISO 690-1987(E)의 개요를 살펴보고, 그 중에서 연속간행물에 수록된 기사에 대한 서지기술양식의 기본적인 내용을 분석하고자 한다.

'서지적 참조사항의 개요는 단행본, 연속간행물, 단행본의 한 부분(Chapter 등) 및 단행본에 수록된 기고문, 연속간행물에 수록된 기사 등과 특허문헌에 대한 참조사항을 개별적으로 다루고 있는데, 이들은 모두 동일한 일반적인 구성체제를 가지고 있으나, 각기 출판물의 형태에 따라 구별되는 특성을 가지고 있다.'70) 이들의 기본적인 기술요소를 제시하면 다음의 <표 11>과 같다.

---

69) Jane Thacker for the ISO/TC 46/SC 9 Secretariat. E-mail: iso.tc46.sc9@nlc-bnc.ca("There are no immediate plans to revise ISO 690: 1987 so the existing edition of that International Standard is still valid. Informally, it constitutes Part 1 of ISO 690 since we published the standard for referencing electronic documents as Part 2.")

70) ISO 690-1987(E): Documentation-Bibliographic references-Content, form and structure. p. 2(Outline of bibliographic references).

<표 11> 서지적 참조의 개요 (ISO 690)

1) 단행본 (기술요소에서 Gothic = Basic *Italics* = *Optional*)

기술요소:	예시:
주저자 Title(서명 또는 표제) 부수적저자	LOMINADZE, DG. *Cyclotron waves in Plasma.* Translated by AN.Dellis; edited by SM. Hamberger.
판사항 발행지, 발행자 발행년 분량 총서사항	lst ed. Oxford: Pergamon Press, 1981. 206 p. International series in natural philosophy.
주기사항	Translation of: Ciklotronnye volny V plazme.
표준번호	ISBN 0-08-021680-3

예시:

LOMINADZE, DG. *Cyclotron waves in plasma.* Translated by AN. Dellis; edited by SM. Hamberger. 1st ed. Oxford: Pergamon Press, 1981. 206 p. International series in natural philosophy. Translation of: Cikiotronnye volny v Plazme. ISBN 0-08-021680-3.

2) 연속간행물

기술요소:	예시:
서명	Communications equipment manufacturers.
책임자	Manufacturing and Primary Industries Division, Statistics Canada.
판사항 발행표시 (연월일, 권호수)	Preliminary edition. 1970- .
발행지, 발행자 발행년	Ottawa: Statistics Canada, 1971- .

총서사항	Annual census of manufacturers.
주기사항	Text in English and French.
표준번호	ISSN 0700-0758

예시:

Communications equipent manufacturers. Manufacturing and Primary Industries Division, Statistics Canada, 1971-. Annual census of manufacturers. Text in English and French. ISSN 0700-0758.

3) 단행본의 부분

기술요소:	예시:
주저자	PARKER, TJ. and HASWELL, WD.
주서명	*A text-book of zoology*
판사항	5th ed.
부분번호	Vol.1.
부수적저자	revised by WD. Lang.
발행지, 발행자	London: Macmillan,
발행년	1930
수록위치	Section 12, Phylum Mollusca, p.663-782.

예시:

PARKER, TJ. and HASWELL, WD. *A text-book of zoology*. 5th ed., vol 1. revised by WD. Lang. London: Macmillan, 1930. Section 12, Phylum Mollusca, p. 663-782.

4) 단행본에 대한 기고문

기술요소:	예시:
기고문의 주저자:	WRIGLEY, EA.
표제	Parish registers and the historian. In
판권에 대한:	
책임자	STEEL, DJ.
서명	*National index of Parish registers.*
판사항	
발행지, 발행자	London: Society of Genealogists,

발행년도	1968
수록위치	vol.1, p.155-167.

예시:

WRIGLEY, EA. Parlsh registers and the historian. In STEEL, DJ. *National index of Parish registers*. London: Society of Genealogists, 1968, vol. 1, p. 155-167.

5) 연속간행물의 기사, 등

기술요소:	예시:
주저자	WEAVER, William
표제(기사명)	The collectors: command performances.
부수적저자	Photography by Robert Emmett Bright
저널명	*Architectural digest.*
판사항	
주문헌내의 위치:	
연도, 발행표시,	December 1985,
수록부분의 페이지	vol.42, no.12, p.126-133

예시:

WEAVER, Villiam. The collectors: command performances. Photography by Robert Emmett Bright. *Architectural Digest*, December 1985, vol. 42, no. 12, p. 126-133.

6) 특허문헌

기입요소:	예시:
주저자	
(특허신청자)	Carl Zeiss Jena, VEB
발명제목	*Anordnung cur lichtelektrischen Erfassung der Mitte eines Lichtfeldes.*
부수적저자	Erfinder: W. FEIST C. WAHANET, E. FEISTAUER.
주기사항	Int. Cl.^{3} G02 B 27/14
문헌식별자:	
국가명 혹은 발행기관	Schweiz

특허문헌의 종류	Patentschrift,
특허번호	608 626.
인용문헌의 발행일자	1979-01-15
예시:	
CARL ZEISS JENA, VEB. *Anordnung zur lichtelekristchen Erfassung der Mite eines Lichtfeldes.* Erfinder: W. FEIST, C WAHNERT, E. FEISTAUER. Int. Cl.³: G02 B 27/14. Schweiz Patentschrift, 608 626. 1979-01-15	

이상의 표준은 단행본과 이에 수록된 기사, 연속간행물과 이에 수록된 기사 및 특허문헌에 이르기까지 주요한 학술적인 문헌에 대한 서지적 참조의 표준으로 설정한 것이다.

C. ISO 690의 연속간행물 기사에 대한 기술요소 분석

전항에서 제시한 서지기술사항 중에서 단행본과 연속간행물(전체) 및 특허문헌에 대해서는 도서관에서 소정의 편목규칙에 의해서 목록이 작성되어 일반적으로 이용될 수 있으므로, 여기에서는 다만 연속간행물에 수록되는 기사에 대한 서지적 참조를 위한 기술요소만을 대상으로 분석하고자 한다. 그러므로 다음의 <표 12>가 분석대상이 된다.

<표 12> 연속간행물 기사의 서지적 참조 (1SO 690)

연속간행물의 기사, 등	
기술요소:	예시:
저자	WEAVER, William
표제(기사명)	The collectors: command performances.
부수적저자	Photography by Robert Emmett Bright
저널명	Architectural digest.

<table>
<tr><td>판사항
주문헌내의 위치:
연도, 발행표시,
수록부분의 페이지
예시:</td><td>December 1985,
vol.42, no.12, p.126-133</td></tr>
</table>

WEAVER, William. The collectors: command performances. Photography by Robert Emmett Bright. *Architectural Digest*, December 1985, vol.42, no.12, p.126-133.

이상의 연속간행물에 수록된 기사에 대한 기술요소의 명세사항을 각각의 기술요소별로 분석해 보면 다음과 같다.

1) 주저자 사항에 대해서는 다음과 같이 규정하고 있다.

7.1.2 인명의 표현

주저자의 요소에 포함된 인명은 그 자료원에 쓰인 대로 기입한다; 그러나 도서관의 목록이나, 서지, 인명록 등에 있어서는 필요에 따라 이를 도치하여, '姓, 名'과 같이 기입한다.

예시:

a) HALDANE, JBS.

b) MEYER-UHLENRIDE, Karl-Heinrich

이상의 규정은 서양인명의 경우 그것이 표목이나 혹은 인명의 알파벳순배열이 되는 경우에 한해서 그런 것이고, 우리나라를 비롯한 동양인명의 경우는 자료원에 쓰인 그대로 성(姓) 명(名) 순으로 기입한다.

그러나 그 인명이 검색의 접근점이 되는 경우는 이를 한글로 표기한 다음 괄호 속에 漢字名을 기입하고, 이어서 그 사람의 전공 주제명을 괄호 안에 기입한다. 만약 한자명을 알 수 없거나 순한글 이름인 경우에는, 한글명 다음에 그 사람의 전공 주제명을 괄호 안에 기입한다.

예시: 김영수(金永洙)(국문학), 이병주(李秉周)(경제학), 김한영(유기화학)

2) 2인 또는 3인의 인명을 기입하는 경우에 대한 규정은 다음과 같다.

7.1.4 2인 또는 3인의 인명

2인 이상의 인명이 있으면, 가장 뚜렷하게 나타나는 인명을 먼저 기입한다. 만약 그 인명이 동등하게 기입되어 있으면, 처음에 나타난 인명을 먼저 기입한다. 만일 3인 이하의 개인이나 단체가 그 저작에 대한 주된 책임을 공유한다면, 둘 또는 셋 모두가 기술되어야 한다.

예시:

ADLER, JH., SCHLESINGER, ER., and WESTERBORG, E. van

7.1.5 4인 이상의 명칭

4인 이상의 인명이 있는 경우는 첫 번째 만을, 혹은 처음의 2인 또는 3인의 인명을 기입할 필요가 있다. 나머지는 생략하고, 만약 하나 또는 그 이상의 인명을 생략하면 "et al"이나 이에 상당하는 어구를 마지막의 인명 다음에 추가해서 기록한다.

예시:

HARKINS, William A., *et al*.

이상의 규정은 저자명이 "3인 이하의 개인이나 단체가 그 저작에 대한 주된 책임을 공유한다면 둘이나 셋 모두가 포함되어야 한다"고 하고, "4인 이상의 명칭이 있는 경우는 순서대로 3인까지의 인명을 기입할 필요가 있으나 그 나머지는 생략한다"고 규정하고 있다. 그러나 이 규정은 불합리하다고 판단된다. 특히 현대에는 4인 이상의 공저나 공동연구가 상당히 많고, 연구에 대한 공헌도가 동일한 경우에, 이러한 규정에 따라서 그 중의한 사람이나 몇 사람이 누락된다면 이용자들은 이들의 이름으로서는 접근할 수가 없기 때문이다. 그러므로 공저자는 그 수에 제한 없이 모두 접근점이 될 수 있도록 기입해야 할 것이다. 온라인상의 목록기술양식은 Ross Boume이 말한 바와 같이 '카드목록의 경우처럼 지면의 제한을 받지 않는다'71)는 것이 큰 장점이다. 따라서 '공저자가 여러 명인 경우에도 (4인 이상의 공저자의 경우에도) 저자명을 모두 자료원에 쓰인 순서대로 서지기술사항에 기술할 수 있는 장점이 있기 때문에, 기존의 3인까지의 공저자에 한해서 서지기술사항에 기입하고, 4인 이상의 공저자는 그들 중에서 첫머리에 기재된 한사람만 기입하고 나머지 저자는 저자표시에서 생략하는 동시에 부출표목으로도 내주지 않았던 제한을 해제할 수 있다는 점'이다.72)

3) 서명의 표현에 대해서는 다음과 같이 규정하고 있다.

7.2.1 서명(표제)의 표현

서명(표제)은 정보원에 쓰인 대로 기록하되, 번자법, 약자법, 대문자법 등에 대해서는 필요에 따라 소정의 관행을 적용한다.

예시:

a) Fungi pathogenic to man (monograph title)

b) Estudios Franciscanos (serial title)

c) J. Am. Ceram. Soc. (serial title)

---

71) Ross Boume. MARC: Strait-jacket or Opportunity. In: *AACR, DDC, MARC and Friend: Role of CIG in Bibliographic Control*, ed. by Jon Byford, Heith V. Trickey, and Susi Woodhouse. London, Library Association, 1993. p. 78.
72) 정필모. 온라인환경에서의 편목법. 도서관학논집. 제25집, 1996 겨울호. pp. 13-14.

이 규정에서 Title은 우리나라에서 단행본이나 연속간행물의 경우는 서명에 해당하지만 연속간행물의 기사의 경우는 기사명 또는 표제라고 보아야할 것이다. 그러므로 여기에서는 "표제"로 표기하고자 한다. 단 이 규정 중에서 표제가 자료원에 漢字로 쓰인 경우는 서지기술요소에서는 漢字로 표기하되, 그것이 표목이 되는 경우에는 한글로 표기되도록 시스템이 마련되어야만 한다.

4) 번역된 표제에 대한 규정은 다음과 같다.

7.2.2 번역된 표제

번역된 표제는 자료원에 쓰인 표제, 즉 원표제 다음에 각괄호 안에 넣어서 추가한다.

예시:

Zarys dziejow bibliography w Polsce [Outline of the history of bibliography in Poland].

이상의 예시는 단행본이 번역된 서명이지만 연속간행물기사의 표제에도 역시 동일하게 적용될 수 있을 것이다.

5) 두 가지 이상의 표제에 대한 규정은 다음과 같다.

7.2.3 두 가지 이상의 표제

만약 자료원에 두 가지 이상의 서명이 있거나, 혹은 두 가지 이상의 언어로 표현된 경우에는, 가장 뚜렷하게 나타난 형식의 표제나 언어로 기입한다. 만일 그 표제들이 동등한 형식으로 쓰였으면, 첫 번째로 나타난 표제를 기입한다.

이 규정도 Title에 대한 규정으로서 단행본과 연속간행물의 서명

과 연속간행물의 기사에서 두 가지 이상의 표제가 있는 경우에도 적용할 수 있을 것이다.

6) 부표제(Subtitle)에 대해서는 다음과 같이 규정하고 있다.

7.2.4 부표제

만일 식별이나 명확성을 위해서 필요하다고 생각되면, 부표제나 기타 표제관련 데이터를 기입한다.

예시:

a) Shetland sanctuary: birds on the Isle of Noss

b) Criticism: the major texts

이 부표제에 대한 규정은 Subtitle에 대한 것으로 역시 단행본이나 연속간행물의 부서명과 연속간행물기사의 부표제에도 그대로 적용될 수 있을 것이다.

7) 표제의 축약에 대한 규정은 다음과 같다.

7.2.5 표제의 축약

긴 표제나 부표제는 축약하되, 필수적인 데이터의 손실이 없도록 한다. 서명의 앞부분이 생략되어서는 안 된다. 모든 생략은 생략부호"…"으로 표시한다.

이 표제의 축약에 대한 규정 역시 단행본과 연속간행물의 서명 및 연속간행물기사의 표제(기사명)에도 그대로 적용될 수 있을 것이다.

8) 핵심표제에 대한 규정은 다음과 같다.

7.2.6 핵심표제

자료원에 그렇게 표시되어 있을 경우, 연속간행물에 대한 서지적참조에 있어서 핵심표제는 표제를 대신할 수 있다.

예시:

a) Scientia (Milano)

b) Contact (Toronto Nutrition Committee)

이 핵심표제에 대한 규정 역시 단행본과 연속간행물 및 연속간행물에 수록된 논문기사의 제목 또는 논제에 대하여 그대로 적용해도 무방할 것이다.

9) 부수적 저자명에 대한 규정은 다음과 같다.

7.3 부수적 저자명 (선택사항)

7.3.1 부수적인 책임을 갖는 개인이나 단체

부수적인 기능을 수행하는 (하나의 특허나 후원단체 등에 있어서 그들의 이해관계가 위임된 편집자, 번역자, 삽화자, 발명가와 같이) 개인이나 단체는 일반적으로 "주된 저자적 책임" 요소에서 배제한다. 그러나 이들의 명칭과 기능은 표제 다음의 부수적 책임의 표시에 기술한다.

예시:

DRYDEN, John. *The works of John Dryden*. Edited by HT. Swedenberg.

7.3.2 표현

부수적 저자 표시로 기입되는 모든 명칭은 자료원에 나타난 순서대로 기입한다.

이상에서 제시한 규정은 주로 단행본 저작의 경우를 상정한 것으로 보인다. 그러나 이 규정 역시 연속간행물에 수록된 논문기사의 경우에도 예를 들면 실험진행, 통계처리, 사진, 삽도 등에 협력한 사람에 대하여 그대로 적용될 수 있을 것이다.

10) 판사항에 대해서는 다음과 같이 규정하고 있다.

7.4.1 (판사항의) 표현

초판 이외의 한 판본이 서지적 참조가 되는 경우, 그 판본에 대한 번호나 기타의 표시는 그 자료원에 쓰인 용어로 기입한다.

예시:

a) New enlarged edition

b) Canadian edition

판사항 역시 주로 단행본의 경우를 상정한 것이다. 그러나 이 규정은 연속간행물에도 필요한 경우에 그대로 적용할 수 있을 것이다. 동일한 내용의 판본으로 언어별로 또는 지역별로 별도로 발행되는 경우 (예를 들면 영어판 한글판, 또는 북미판 동양판 등) 이에 대한 표시가 있어야 할 것이다.

판사항의 표현에 있어서 사용되는 약자법과 숫자용어에 대해서는 이것이 연속간행물의 기사와는 관계가 없으므로 여기에서는 생략한다.

11) 연속간행물의 발행표시에 대해서는 다음과 같이 규정하고 있다.

7.5.1 발행사항 (연속간행물)

7.5.1 표현

연속간행물에 대한 발행표시는 가능한 한 완전하게 기입한다.

예시:

  a) Fall 1982, vol.12, no.1   (1982년 가을판 제12권 1호)

  b) 1985-04-16   (1985년 4월 16일)

  c) March 1, 1949   (1949년 3월 1일)

  d) July/Aug. 1985   (1985년 7-8월 호)

이 규정 중에서 동양의 자료에 대해서는 위의 괄호 안에 쓰인 바와 같이 기술한다.

12) 창간호에 대한 표시에 대해서는 다음과 같이 규정하고 있다.

7.5.2 창간호에 대한 표시

만약 그 서지적 참조가 계속 발행되는 연속간행물 전체에 대한 것이면, 창간호에 대한 연대표시나 혹은 번호표시는 하이픈과 한 스페이스 다음에 기입한다.

예시:

Jan./March 1974-, vol. 1, no. 1- (1974년 1-3월 제1권 1호 -)

이 창간호에 대한 규정은 부연할 사항이 없다. 다만 동양자료에 대해서는 위의 괄호 안에 표시한 대로 기술한다.

13) 연속간행물의 완전한 연속 혹은 부분적인 연속의 표시에 대해서는 다음과 같이 규정하고 있다.

7.5.3 완전한 연속이나 혹은 부문적인 연속의 표시

한 연속간행물의 완전한 연속이나 혹은 부분적인 연속을 표시하는 서지적 참조에 있어서는, 그 첫호와 마지막호에 대한 연대표시나 혹은 숫자를 하이픈으로 연결하여 기입한다.

예시:

a) 1956-1963, vol.1-8 (1956-1963 제1권-8권)

b) Jan.1976-April 1981, vol. 12, no. 1-vol.16, no.4

(1976년 1월-1981년 4월 제12권 1호-16권 4호)

이 규정에 대해서도 부연할 사항이 없다. 다만 동양자료에 대해서는 위의 괄호 안에 표시한 대로 기술한다.

14) 발행데이터에 대해서는 다음과 같이 규정하고 있다.

7.6 발행데이터

발행지나 발행자와 관련된 상세한 사항은 선택사항이다. 단, 발행일자는 필수사항이다.

이 규정은 발행지와 발행자와 관련된 사항을 선택사항으로 규정하고 있으나, 현대에는 연속간행물의 종류가 급속도로 증가하고 있기 때문에 동일한 서명을 가진 연속간행물이 많아질 것이므로 이를 용이하게 식별할 수 있도록 하기 위해서는 발행지와 발행자표시도 필수사항으로 규정해야 할 것이다. 발행지와 발행자는 물론 **ISSN**으로 식별할 수 있으나 이것은 일반 이용자에게는 생소한 것이기 때문이다.

15) 기타의 발행데이터 사항에 대해서 다음과 같이 규정하고 있다.

7.6.1 표현

한 자료의 발행과 관련된 상세 사항은 발행지, 발행자, 발행일자의 순서로 기입한다.

예시:

  a) London: George Allen & Unwin, 1981

  b) New York: Harcourt Brace Jovanovich, 1979.

7.6.2 발행지 (선택사항)

그 자료가 발행된 도시명은 그 자료원에 나타난 대로 기입한다. 동일한 명칭을 갖는 다른 도시명과 구별할 필요가 있거나 혹은 잘 알려지지 않은 도시명을 식별하기 위한 주명, 도명, 국가명 등은 일반적으로 괄호 안에 넣어서 (가능하다면 약자로) 추가한다.

예시:

  a) Cambridge (Mass.)

  b) Menasha (Wis.)

  c) Newport (Gwent)

7.6.3 둘 이상의 발행지

만약 자료원에 둘 이상의 발행지를 가지고 있으면, 가장 중요하게 기재된 발행지를 기입한다. 발행지명들이 동등한 지명도를 가진다면, 첫 번째로 기재된 발행지를 기입한다. 기타의 발행지명은 그 자료원에 쓰인 순서대로 기입한다.

예시:

a) London New York Toronto

b) Toronto Buffalo

7.6.4 발행지가 미상인 경우

만약 그 자료원에 발행지가 기재되어 있지 않으면, 발행지를 기입할 차리에 "발행지미상" 또는 이에 상등하는 약어를 기입한다.

이상의 네 가지 규정에 대해서는 부연할 사항이 없다. 다만 발행지와 발행자, 그리고 발행일자로 구분 기입하여 연속간행물 기사의 특성상 중요시되는 발행일자를 별도의 항목으로 표현할 필요가 있다.

16) 발행자에 대한 규정은 다음과 같다.

7.6.5 발행자 (선택사항)

발행자명은 애매하지 않도록 단축하거나 약자화 해서 기입한다. 이름이나 두문자는 명확하게 기입한다. "and company", "and sons", "Inc." 등의 문구는 생략한다. 그러나 "press"라는 용어는 생략하지 않는다.

예시:

a) Knopf

b) Wiley (not John Wiley & Sons)

c) John Brown

d) Scarecrow Press

이상의 발행자명의 표시에 있어서 동양의 자료에 대해서는 발행자명을 단축하거나 약자화 하지 않고 그대로 표기하되, "(주)" 또는 "주식회사" 그리고 "도서출판"등의 용어가 포함된 경우에 한해서 이를 생략해야 할 것이다.

17) 둘 이상의 발행자에 대해서는 다음과 같이 규정하고 있다.

7.6.6 둘 이상의 발행자

만약 그 자료원에 하나이상의 발행자명이 기재되어 있으면, 가장 뚜렷한 발행자명을 기입한다. 만약 발행자명이 대등하게 기재되어 있으면, 첫 번째에 쓰인 발행자명을 기입한다. 기타의 발행자명은 각각 해당하는 발행지명과 연계하여 기입한다.

예시:

London: T. Nelson; Edinburgh: TC. & EC. Jack

7.6.7 발행자 미상

만약 발행자명이 그 자료원에 없으면, 발행자명의 자리에"발행자미상" 혹은 이에 상등하는 약어를 기입한다.

이상의 규정에 대해서는 추가하거나 부연할 사항이 없다.

18) 발행일자에 대해서는 다음과 같이 규정하고 있다.

7.6.8 발행일자

일반적으로 발행년도는 그 자료원에 쓰인 대로 기입하되, 아라비아 숫자로 기입한다. 특허문헌에 대해서는 그 자료원에 쓰인 대로 혹은 ISO 2014에 따라서 완전한 발행일자를 기입한다.

이상의 발행일자 표시에 있어서 우리나라의 檀紀나 일본의 昭和 등 특수한 연도표시는 그 다음에 해당하는 西曆紀年을 괄호에 넣어 부기한다.

19) 기타의 발행사항에 대해서는 다음과 같이 규정하고 있다.

7.6.9 일년 이상 지속되는 발행물

만약 여러 부분으로 된 자료의 발행이 일년 이상 지속될 경우에는 이를 모두 포함하는 일자를 기입한다. 만약 그 발행이 아직 완결되지 않았으면, 그 시작 날짜를 기입하고 하이픈을 붙인다.

예시:

 a) 1973-1975

 b) 1978-

7.6.10 발행년도 미상

만약 그 자료원에서 발행년도를 발견할 수 없으면, 그 자리에 저작권일자, 인쇄일자, 또는 추정일자를 기입한다.

예시:

 a) 1953 printing

 b) ca. 1957

이상의 두 가지 규정에 대해서는 더 추가하거나 부연할 사항이 없다. 다음으로 형태사항과 시리즈사항은 연속간행물에 해당되는 사항이 아니므로 이들은 여기에서 생략한다.

20) 기타정보에 대해서는 다음과 같이 규정하고 있다.

7.9 기타정보 (선택사항)

다음에 제시된 유형의 부수적인 정보는 주기에 기입한다.

a) 구득처를 알기 어려운 자료의 입수정보를 아려주는 내용

예시:

NTIS: AD683428로 구득할 수 있다.

　　이 규정 이외의 기타정보에 대한 규정은 선택사항이기도 하지만 연속 간행물의 기사에 대한 사항과는 관련이 없으므로 여기에서는 생략한다.

21) 표준번호에 대한 사항은 다음과 같다.

7.10 표준번호

그 자료에 표시된 표준번호(1SBN, ISSN, 등)는 해당하는 국제표준(ISO 2108, ISO 3297 등 참조)에서 지정한 형식으로 기입한다. 단행본의 일부분이나 기고문 등, 그리고 연속간행물의 기사의 경우는 선택사항이다.

예시:

ISSN 0-15-183242-0

　　이는 연속간행물의 기사의 경우에 ISBN이나 ISSN 등을 선택사항으로 규정하고 있으나 서지데이터베이스에 있어서 특히 ISSN은 필수사항이 되어야 할 것이다.

이상에서 분석된 ISO 690 중에서 '연속간행물 기사'에 대한 서지기술요소와 제Ⅲ장에서 국내외 DB의 서지기술양식과 데이터요소를 분석한 바에 따라 다음과 같은 사항이 수정되거나 추가되어야 할 것이다.

1) 초록 또는 내용목차

초록은 국내의 DB 8개 기관에서 주요 서지데이터요소로 표현하고 있다. 또한 초록은 현대의 과학기술분야의 논문에서는 필수사항으로서, 이용자들에게는 자기가 필요한 정보를 선택하는데 가장 중요한 열쇠가 되기 때문에, 필수요소로 추가되어야 할 것이며, 만약 초록이 없는 논문이나 기사의 경우에는 주요한 내용목차를 기입하도록 해야 할 것이다.

2) 본문언어

연속간행물 기사의 언어는 국내의 DB 7개 기관에서 주요 서지데이터요소로 표현하고 있으며, 서지DB에서 이용자는 기사의 언어에 따라 원문접근 여부를 판단할 수도 있으므로 필수요소로 추가되어야 할 것이다.

3) 저자소속

저자소속은 국내외 DB 6개 기관에서 주요 서지데이터요소로 표현하고 있다. 저자의 e-mail과 주소는 이용자 또는 관련 연구자간의 해당 논문에 대한 학문적 의사소통 또는 교류를 위해서 선택요소로 추가되어야 할 것이다.

4) 키워드

키워드도 국내의 DB 4개 기관에서 나타나고 있다. 키워드는 주제명의 경우와 마찬가지로 이용자들에게 접근점을 제시하기 위해서 필수적인 요소로 추가해야 할 것이다. 특히 과학기술분야의 논문에서는 키워드를 부여하는 것이 일반적인 관행이기 때문이다.

5) 주제분야

주제명(주제분야)은 국내외 **DB** 3개 기관에서 나타나고 있다. 주제명은 대개의 경우 학술논문의 표제는 상당히 길어서 표제로 검색하는 경우보다는 주제명으로 검색하게 되는 경우가 많으므로 이용자들에게 검색의 접근점을 제시하기 위해서 필수요소로 추가되어야 할 것이다. 이에는 해당기관소정의 주제명표(분류기준)를 사용하여 적용할 수 있다.

6) 소장기관

소장기관의 표시는 검색된 서지사항으로부터 원문을 입수할 수 있는 정보를 제공해 주기 위해서 필요하다. 또한 특수한 연속간행물로서 희귀한 자료에 대해서는 그 소장처를 표시하는 것이 이용자들에게 유용할 것이므로 이를 선택사항으로 추가하는 것이 바람직하다.

7) 원문보기

원문보기는 디지털도서관을 지향하는 현재의 추세에서 서지사항과 연계된 전문(Full-text) **DB**가 구축되어 있는 경우를 위하여 필요한 사항이다. 이는 서지정보를 조회한 후 원문으로 접근할 수 있도록 검색된 서지사항으로부터 원문을 입수할 수 있는 정보를 선택요소로 추가해야할 것이다.

또한 서지데이터요소의 순서에 대하여 **ISO 690**에서는 제일 처음의 요소들에 대하여 저자, 표제의 순서로 기술하고 있으나, 현대의 대표적인 10개 기관의 **DB** 분석(<표 10> 참조)에 의하면 표제(60%, 88점)가 제일 먼저 표시되는 경우가 가장 많으며, 저자(30%, 86점)는 그 다음의 순서로 나타나고 있다. 또한 기사 **DB**에 있어서 정보검색 결과를 열람하는 이용자에게도 기사의 표제가 가장 관심사가 될 것이므로 표제, 저자의 순서로 하는 것이 바람직한 것으로 사료된다.

V. 연속간행물 기사에 대한 서지데이터요소의 표준화방안

이 장에서는 제Ⅲ장에서 국내외 DB의 분석 결과를 참고자료로 하고, 제Ⅳ장에서 분석한 ISO 690 중에서 연속간행물의 기사에 대한 서지기술요소를 바탕으로 연속간행물의 기사에 대한 서지데이터요소와 이 서지데이터요소에 대한 명세사항으로 구분하여 서지데이터베이스에 있어서의 연속간행물기사에 대한 기술양식의 표준화방안을 제시하고자 한다.

A. 연속간행물의 기사에 대한 서지데이터요소

연속간행물 기사DB의 서지데이터요소에 대한 기술순서는 이용자가 정보검색결과에서 가장 관심의 대상이 되는 것은 논문의 표제이고, 제Ⅲ장에서 서지데이터요소를 분석한 결과에서도 논문의 표제가 첫째의 데이터요소로 나타나 있으므로, 과거의 전통이나 ISO 690에서의 기술순서와는 달리 논문기사의 표제를 제일 먼저 기입한다. 그리고 그 다음은 ISO 690에서의 기술순서와 제Ⅲ장에서 분석된 데이터요소의 순위도 및 이용자 측면을 고려한 서지요소의 유사도에 따라 다음과 같은 순서로 기입한다.

<table>
<tr><td>1) 표제</td><td>9) 발행자</td></tr>
<tr><td>2) 저자</td><td>10) 발행일자</td></tr>
<tr><td>3) 저자소속</td><td>11) 본문언어</td></tr>
<tr><td>4) 부수적 저자</td><td>12) 판사항</td></tr>
<tr><td>5) 저널명</td><td>13) 키워드</td></tr>
<tr><td>6) 기사의 수록위치
(권호와 페이지 수)</td><td>14) 주제분야
15) 초록(또는 내용목차)</td></tr>
<tr><td>7) ISSN</td><td>16) 소장기관</td></tr>
<tr><td>8) 발행지</td><td>17) 원문보기</td></tr>
</table>

이에 따른 연속간행물의 기사에 대한 서지데이터요소를 실제의 자료를 통해서 예시하면 다음과 같다.

<표 13> 연속간행물의 기사에 대한 서지데이터요소 (동서 sample)

서지데이터요소:	예시:
표제	유리인산 생성균 *Penicillium* sp. GL-101의 액침배양 중 Pellet 형성에 미치는 황토의 영향=Effects of Loess on the Mycelial Pellet Formation of Phosphate Dissolving Fungus, *Penicillium* sp. GL-101 in the Submerged Culture
저자 ①	강선철 (생명과학)
(1) 저자소속 ①	대구대학교 공과대학 생물공학과 email: sckang@biho.taegu.ac.kr
저자 ②	이동규 (생명과학)
(1) 저자소속 ②	대구대학교 공과대학 생물공학과
부수적저자	
저널명	한국생물공학회지=Korean Journal of Biotechnology and Bioengineering
기사의 수록위치: (권호, 페이지)	제14권 제3호 pp.337-341
표준번호(ISSN)	1225-7117
발행지와 발행자	서울: 한국생물공학회
발행일자	1999년 6월
(2) 본문언어	Kor
판사항	
(3) 키워드	Pellet formation phosphate dissolving fungus, Penicillium sp. Gl-101, loess
(4) 주제분야	
(5) 초록(또는 내용목차)	In order to investigate effects of loess on the mycelial pellet formation a phosphate dissolving fungus, Penicillium sp. GL-101, was cultured in potato dextrose broth containing loess. The strain formed an amorphous pellet or loose aggregates agitated at a low speed(50rpm) while spherical and regular pellets at a high speed(150rpm). The higher concentration of loess …이하 생략…
(6) 소장기관	KAIST
(7) 원문보기	SGML

<표 14> 연속간행물의 기사에 대한 서지데이터요소 (양서 sample)

서지데이터요소:	예시:
표제	Supporting Valid-Time Indeterminacy
저자 ①	DYRESON, Curtis E.
(1) 저자소속 ①	Department of Computer Science, Aalborg University, Aalborg Ost, Denmark email: curtis@cs.auc.dk
저자 ②	SNODGRASS, Richard T.
(1) 저자소속 ②	Department of Computer Science, The University of Arizona, Tucson, AZ 85721; email: rts@cs. arizona. edu.
부수적저자	
저널명	ACM Transactions on Database Systems
기사의 수록위치: (권호, 페이지)	vol. 23, no. 1, pp.1-57
표준번호(ISSN)	1362-5915
발행지와 발행자	New York: Association for Computing Machinery
발행일자	March 1998
(2) 본문언어	eng
판사항	
3) 키워드	[Genera Terms]: Algorithms, Languages [Additional Key Words and Phrases]: Incomplete information, indeterminacy, probabillistic information, SQL, temporal, database TSQL2, valid-time database
(4) 주제분야	H.2.1 [Database Management]: Logical Design *Data models*; H.2.3 [Database Management]: Languages Query languages H.2.4 [Database Management]: Systems *Query processing*
(5) 초록(또는 내용목차)	In valid-time indeterminacy it is known that an event stored in a database did in fact occur, but it is not known exactly when. In this paper we extend the SQL data model and query language to support valid-time indeterminacy ···이하 생략···
(6) 소장기관	KAIST
(7) 원문보기	SGML

<표 13>, <표 14>에서 보면 저자와 저자소속(공저자의 경우 포함), 저널명과 기사의 수록위치, 발행지와 발행자 및 발행일자의 경우에는 서지요소항목의 구분을 실선(또는 점선)으로 달리 표시하였는데, 이는 필요에 따라 이들을 하나의 항목으로 함께 표시할 수도 있게 하기 위함이다.

이상의 서지데이터요소 중에서 (1)번부터 (7)번까지 번호가 주어진 사항은 ISO 690의 기술요소 이외에 새로이 추가된 사항이고, 서지데이터요소에서 고딕체로 표시된 요소들은 필수요소이며, 이탤릭체로 표시된 요소들은 선택적 요소들이다.

B. 연속간행물의 기사에 대한 서지데이터요소 명세사항

전항의 연속간행물에 수록된 기사에 대한 서지데이터요소의 명세사항은 제Ⅳ장의 C항에서 분석된 결과를 바탕으로 하고 제Ⅲ장에서 도출된 기본요소를 추가하여 다음과 같이 규정한다.

1. 표제의 표현

표제는 정보원에 쓰인 대로 기입한다. 그러나 동양자료에 있어서 표제가 자료원에 漢字로 쓰여 있으면 漢字로 표기하되, 검색 시에는 한글로도 가능하도록 시스템이 마련되어져야 한다. 한편 영미권의 자료에 있어서 번자법, 약자법, 대문자법 등에 대해서는 소정의 관행을 적용한다.

예시:

a) 조선 후기 禪論爭 ---> 조선 후기 선논쟁

b) 韓末 개화기의 불교 ---> 한말 개화기의 불교

c) Topological aspects of information retrieval

d) Cataloging electronic journals

1.1. 두 가지 이상의 표제

두 가지 이상의 표제가 정보원에 기재되어 있을 경우에는 가장 중요하게 기재된 표제를 기입하며, 만일 그 표제들이 동등한 형식으로 쓰였으면 첫 번째로 나타난 표제를 기입한다. 또한, 표제가 두 가지 이상의 언어로 표현된 경우에는 다음과 같이; ① 기사의 본문언어와 동일한 언어, ② 기사의 초록언어와 동일한 언어, ③ 해당 데이터베이스에서 지향하는 언어의 순으로 첫 번째 표제의 기입기준으로 한다. 이 경우에는 첫 번째 중요한 표제다음에 두 번째로 중요한 표제를 괄호 안에 (또는 '=' 다음에) 기입한다.

예시:

a) 생촉매를 이용한 광학활성 에폭사이드 생산 (Biocatalytic production of chiral epoxides)

b) Cyclotron waves in plasma (Tsiklotronnye volny v plazme)

1.2 부표제

기사의 식별이나 명확성을 위해서 필요한 경우에는 부표제나 기타 표제관련 데이터를 기입한다.

예시:

   a) 三國遺事의 校勘學的 硏究: 諸板本의 對校를 中心으로
   b) 한국의 여성정보시스템 구축을 위한 연구:
           이용자요구사항 및 유통체계를 중심으로
c) Shetland sanctuary: birds on the lsle of Noss
d) Criticism: the major texts

1.3 표제의 축약

기본적으로 표제는 완전히 기입하는 것을 원칙으로 하지만, 너무 긴 표제나 부표제는 데이터베이스 구축 시에 축약할 수 있으며, 이 경우에도 필수적인 데이터의 손실이 없도록 한다. 또한, 서명의 앞부분이 생략되어서는 안 된다. 모든 생략은 생략부호 "…"로 표시한다.

1.4 핵심표제

자료원에 그렇게 표시되어 있을 경우, 연속간행물의 기사에 대한 서지기술요소에 있어서 핵심표제는 표제를 대신할 수 있다.

2. 주저자사항

2.1 개인 및 단체

연속간행물 기사의 경우 주된 책임은 저자에게 있다. 단체는 그 저작이 그 단체의 집단적인 사고(思考)나 혹은 활동을 반영하는 경우, 혹은 그 출판물의 성격이 행정적인 경우에는 기본적인 책임을 가지는 것으로 취급되고 있으나 연속간행물의 기사의 경우

는 이에 해당되지 않으므로 단체저자는 인정하지 않는다.

2.2 인명의 표현

주저자의 요소에 포함된 인명은 그 정보원에 기재된 대로 기입한다. 그러나 인명이 검색의 접근점이 되는 경우는; 동양인명은 그 인명이 漢字로 쓰여 있으면 이를 한글로 표기한 다음 漢字名을 괄호 안에 기입하고, 이어서 그 사람의 전공 주제명을 괄호 안에 기입한다. 만약 한자명을 알 수 없으면, 한글이름 다음의 괄호 안에 그 사람의 전공 주제명을 기입한다. 이에 대해서는 정옥경의 '인명표목 작성을 위한 주제명 일람표'[73]를 참고할 수 있다. 한편 서양인명은 도치해서 '姓, 名' 순으로 기재한다.

예시:
  a) 김영수(金永秀)(한국문학)
  b) 이병주(李秉周)(경제학)
  c) 기한영(유기화학)
  d) HALDANE, J.B.S.
  e) MEYER-UHLENRIDE, Karl-Heinrich

2.3 2인 이상의 인명

2인 이상의 인명이 있으면, 가장 중요하게 기재된 인명을 먼저 기입한다. 2인 이상의 인명이 동등하게 기입되어 있으면, 처음에 나타난 인명을 먼저 기입한다. 또한, 2인 이상의 개인이 그 저작에 대한 주된 책임을 공유했으며 그 수에 제한 없이 모두 기입한다.

---

73) 정옥경. 한국편목규칙의 표목부에 관한 연구. 서울, 중앙대학교 대학원 박사학위논문, 1999. 6. pp. 99~105.

예시:
    a) 李庸周 朴甲洙 李奭周 李周行 朴景賢
    b) 이두영 김태승 서은경 정영미 윤구호 사공철 유재옥 장혜란
    c) ADLER, J.H., SCHLESINGER, E.R., and WESTERBORG, E. van

3. 저자의 소속

저자의 e-mail이나 그의 소속기관을 알 수 있으면 이를 기입한다.

4. 부수적 저자명 (선택사항)

4.1 부수적인 책임을 갖는 개인

부수적인 기능을 수행한 개인(예를 들면 실험진행, 통계처리, 사진, 삽도 등에 협력한 사람)은 일반적으로 "주된 저자적 책임" 요소에서 배제한다. 그러나 이들의 명칭과 기능은 표제 다음의 부수적 책임의 표시에서 기술한다.

4.2 표현

부수적 저자 표시로 기입되는 모든 명칭은 정보원에 나타나는 문자와 그 순서대로 기입한다.

5. 주문헌의 서명, 즉 저널명

저널명은 그 자료원에 쓰인 문자와 그 순서대로 기입한다. 그러나 동양자료의 경우 그 서명이 자료원에 漢字로 쓰여 있으면 서지기술사항에는 漢字로 기입하고, 한글로도 검색될 수 있도록 시

스템을 마련한다.

6. 기사의 수록위치

저널에 수록된 기사의 위치로서 권호수와 페이지 수는 필수사항으로 기입한다.

예시:

   a) vol. 23, no. 1, pp. 1~57
   b) 제23권 제1호 pp. 1~57)

7. 표준번호

정보원에 표시된 ISSN 등의 표준번호는 해당하는 국제표준(1SO 2108, ISO 3297 등 참조)에서 지정한 형식으로 기입한다.

예시:

   ISSN 1011-2723

8. 발행사항

발행지나 발행자 및 발행일자는 필수사항으로 기입한다. 한 자료의 발행과 관련된 상세 사항은 발행지와 발행자, 그리고 발행일자의 순서로 기입한다.

8.1 발행지와 발행자

발행지와 발행자는 다음의 예시와 같이 함께 기입한다.

예시:

   a) 서울: 한국문헌정보학회
   b) 서울: 한국정보관리학회
   c) London: George Allen & Unwin
   d) New York: Harcourt Brace Jovanovich

8.2 발행지가 동명이지인 경우

자료가 발행된 도시명은 정보원에 기재된 그대로 기입한다. 동일한 명칭을 갖는 다른 도시명 (同名異地)과 구별할 필요가 있거나 혹은 잘 알려지지 않은 도시명을 식별하기 위해서는 주명, 도명, 국가명 등을 일반적으로 괄호 안에 넣어서 (가능하면 약자로) 추가한다.

예시:

   a) Cambridge (Mass.)   b) Menasha (Wis.)   c) Newport (Gwent)

8.3 두 가지 이상의 발행지

정보원에 두 가지 이상의 발행지가 있으면 가장 뚜렷하게 기재된 발행지를 기입한다. 두 가지 이상의 발행지가 동등한 지명도를 가진다면 첫 번째로 기재된 발행지를 먼저 기입한다. 기타의 발행지명은 그 정보원에 기재된 순서대로 기입한다.

예시:

   a) London New York Toronto
   b) Toronto Buffalo

8.4 발행지 미상의 경우

정보원에 발행지가 없으면, 발행지를 기입할 요소에 "발행지미상" 또는 이와 상등한 약어를 기입한다.

8.5 발행자

발행자명은 서양의 자료에 대해서는 식별 상 명확한 경우 단축하거나 약자화 해서 기입한다. 이름이나 두문자는 다만 모호성을 피해서 기입한다. "and company", "and sons", "Inc." 등의 문구는 생략한다. 그러나 "press"라는 용어는 생략하지 않는다. 동양의 자료에 대해서는 발행자명을 단축하거나 약자화 하지 않는다. 다만 간혹 발행자명의 앞이나 뒤에 붙는 "(주)" 또는 "주식회사", "도서출판" 등은 생략한다.

예시:

<table>
<tr><td>a) 약구신문사 (주)</td><td>d) Wiley (not John Wiley & Sons)</td></tr>
<tr><td>b) 민중서관 (주식회사)</td><td>e) John Brown</td></tr>
<tr><td>c) 大衆書館 (圖書出版)</td><td>f) Scarecrow Press</td></tr>
</table>

8.6 두 가지 이상의 발행자

정보원에 두 가지 이상의 발행자명이 기재되어 있으면, 식별 상 가장 뚜렷하게 취급된 발행자명을 기입한다. 발행자명이 동등하게 취급된 경우에는 첫 번째에 쓰인 발행자명을 기입한다. 기타의 발행자명은 각각 해당하는 발행지명과 연계하여 기입한다.

예시:

London: T. Nelson; Edinburgh: TC. & EC. Jack

8.7 발행자 미상

발행자명이 정보원에 없으면, 발행자명의 사항에 "발행자미상" 혹은 이와 동등한 약어를 기입한다.

9. 발행일자

일반적으로 발행년도와 일자는 아라비아 숫자를 사용하여 정보원에 기재된 대로 기입한다.

예시: 1998년 6월; May 1997

9.1 일년 이상 지속되는 발행일자

해당 연속간행물 권호의 발행이 일년 이상 지속될 경우에는 이를 모두 포함하는 일자를 기입한다. 만약 그 발행이 아직 완결되지 않았으면, 그 시작일자를 기입하고 하이픈을 붙인다.

예시:
a) 1973-1975
b) 1978-

9.2 발행년도 미상

발행년도를 정보원에서 파악할 수 없으면, 발행년도의 사항에 저작권일자, 인쇄일자, 또는 추정일자를 기입한다.

예시:

  a) 1953 printing

  b) ca. 1957

9.3 창간호에 대한 표시

만약 그 서지적 참조가 계속되는 출판물 전체에 대한 것이면, 창간호에 대한 연대표시나 혹은 번호표시는 하이픈과 한 스페이스 다음에 기입한다.

예시:

  Jan./March 1974 -, vol.1, no.1-(1974년 1-3월, 제1권 1호-)

9.4 완전한 연속이나 혹은 부분적인 연속의 표시

연속간행물의 완전한 연속이나 혹은 부분적인 연속을 표시하는 서지적 참조에 있어서는, 그 첫 호와 마지막 호에 대한 연대표시나 혹은 숫자를 기입한다.

예시:

  a) 1956-1963, 제1권-8권

  b) 1976년 1월-1981년 4월, 제12권 1호-16권 4호

  c) 1956 - 1963, vol.1 - 8

  d) Jan. 1976 - April 1981, vol.12, no.1 - vol.16, no.4

9.5 약자법과 숫자용어

숫자로서 순서를 표시하는 경우("제2", "제3" 등)에는 아라비아
숫자로 기입한다. 창간호에 대한 표시는 만약 그 표시가 정보원
에 나타나 있으면 이를 기입한다.

예시:

a) 1st issue   c) 창간호
b) Vol. 5   d) 제3권 5호

10. 본문언어

서지DB에서 이용자는 기사의 언어에 따라 원문접근 여부를 판
단할 수도 있으므로 필수요소로 기입한다. 언어의 표시는 소정의
규정에 따라 영문으로 약기한다.

11. (발행)판 사항

단행본의 경우와는 달리 연속간행물에서는 동일한 내용의 판본
으로 언어별로 또는 지역별로 별도로 발행되는 경우가 있다. 예
를 들면 영문판, 한글판, 또는 북미판, 동양판 등과 같은 것이다.
이 경우에 발행판 사항을 정보원에 쓰인 용어로 기입한다.

예시:

a) 영문판
b) 한글판
c) Canadian edition

12. 키워드

키워드는 주제명의 경우와 마찬가지로 이용자들에게 접근점을 제시하기 위해서 보통 해당 논문기사의 저자가 부여한 키워드를 필수적인 요소로 추가한다.

13. 주제분야

주제분야는 정보검색의 효율성을 위해서 기관에 따라 소정의 주제명표(분류코드)를 사용하여 DB 구축시 해당논문 기사에 적합한 분류코드 및 주제분야를 기입할 수 있다. 해당기관의 주제명기준이 있는 경우 이를 필수요소로 추가한다.

14. 초록(또는 내용목차)

초록은 현대의 과학기술분야의 논문에서는 필수사항으로서, 이용자들에게는 자기가 필요한 정보를 선택하는데 가장 중요한 열쇠가 되기 때문에, 필수요소로 추가되어야 할 것이며, 만약 초록이 없는 논문이나 기사의 경우에는 주요한 내용목차를 기입한다. 특히 과학기술분야와 달리 인문사회과학분야 논문의 경우에는 내용목차가 논문의 요점을 이해하는데 주요지표가 됨으로 이를 기입할 수 있다.

15. 소장기관

이용자에게 검색된 서지정보로부터 원문제공서비스를 부여받을 수 있도록 안내하기 위해서 소장기관명을 기재하며 이는 영문약어명으로 표시할 수도 있다. 또한, 소재확인이 어려운 자료의 입수정보와 관련된 사항을 기입할 수도 있다.

예시:
  한국과학기술원 또는 KAIST
  통일원 자료실에서 이용할 수 있다.
  NTIS: AD683428에서 입수할 수 있다.

16. 원문보기

원문보기는 원문(Full-text) DB가 구축되어 있는 경우를 위하여 필요한 사항으로 선택요소이다. 이는 서지정보를 조회한 후 원문으로 접근할 수 있도록 검색된 서지사항으로부터 원문을 입수할 수 있는 정보를 제공한다.

이상의 표준안은 이미 제Ⅲ장과 제Ⅳ장에서 논급한 바와 같이 국내외 DB의 서지기술양식과 서지데이터요소 및 기술순서의 분석, 그리고 ISO 690에 있어서 연속간행물의 기사에 대한 기술요소의 분석을 통하여 추출된 서지데이터요소들을 기본적으로 수용하였으며, 데이터베이스 구축 시에 필요하다고 고려되는 사항들을 추가하였다. ISO 690의 기술요소 이외에 서지DB의 입력요소로서 필요한 7가지의 사항을 새로이 합리적으로 추가한 것이므로, 데이터베이스의 이용자들이 아주 용이하게 인식할 수 있을 것이다. 따라서 이것은 효과적이고 이상적인 국제표준이 될 것으로 판단된다.

Ⅵ. 結 論

이상에서 서지데이터베이스가 출현한 역사적 배경과 그 변천과정을 밝히고, 국내외의 대표적인 기사색인 DB의 데이터요소를 비교분석하고, 또한 ISO 690의 서지기술요소를 분석하여 이들을 토대로 서지데이터베이스에 있어서 연속간행물의 기사에 대한 데이터요소의 표준화방안을 제시한 바 그 결과를 요약하면 다음과 같다.

1. 서지데이터베이스의 출현배경과 그 변천과정을 살펴본 바 연속간행물게재기사에 대한 데이터베이스는 종래의 색인지와 초록지에서 비롯된 것이다.

2. 초기의 색인지와 초록지는 모든 지식분야에 걸친 일반적인 색인지와 초록지로 출발하였으나, 20세기 초기부터 점차로 전문 주제별로 분화되고, 또한 20세기 후기부터는 종래의 색인지와 초록지가 데이터베이스로 전환되어 초록과 전문(全文)도 같이 수용하여 서비스하고 있음을 확인하였다.

3. 종래의 인쇄형태로 발행된 색인지의 각 기사에 대한 기술요소는 표제(기사명), 저자명, 수록지명(저널명), 수록위치(권호, 페이지수) 등으로서 비교적 간략한 것이었으나, 이들이 데이터베이스로 전환된 데이터요소에는 이상의 기술요소 이외에 저자의 e-mail, 초록(또는 내용목차), ISSN, 키워드 또는 주제명, 발행년도 및 일자, 발행자, 자료의 유형, 본문의 언어, 원문보기 등 다양한 데이터요소가 추가되었다. 그러나 이러한 모든 데이터요소의 종류와 그 기술순서 등은 각각 다르다.

4. 국내외의 대표적인 서지데이터베이스(10개 기관)의 데이터요소

를 대비 분석한바 각각의 기술항목의 명칭이 다른 점이 많고, 기술 항목의 기술순서와 기술의 상세도에 있어서도 상당히 상이하다는 사실을 확인하였다.

5. 국내의 각 서지데이터베이스 기관에 대한 방문조사와 외국의 각 서지데이터베이스 기관의 실무책임자와 e-mail을 통해서 파악한바, 각 데이터베이스마다 연속간행물 게재기사의 데이터요소에 대한 기준이 없이 각기 다르게 입력하고 있음을 확인하였다. 따라서 앞으로 데이터베이스의 입력양식이나 정보검색결과 화면에 나타나는 출력양식에 대한 국제적인 표준화가 절실히 요구된다.

6. 그리하여 본 연구에서는 ISO 690의 서지기술요소를 분석하여 이를 데이터베이스에 적용할 수 있는지의 여부를 면밀히 분석한바, 이 ISO 690은 국제적으로 모든 주제분야에 걸쳐 그것이 바람직한 것으로 수용되어 이미 30년 이상 통용되고 있는 것이기 때문에 서지데이터베이스의 데이터요소에 있어서도 기본적인 모델이 될 수 있음을 확인하였다.

7. 따라서 본 연구에서는 ISO 690의 서지기술을 위한 10가지 요소를 기본적인 골격으로 하고, 국내외의 대표적인 서지데이터베이스에 있어서 연속간행물게재기사의 데이터요소를 비교 분석한 결과를 바탕으로 기타의 필요 적절한 데이터요소 7가지를 선별해서 추가하고 이들 17가지 요소들을 합리적으로 정렬하여 바람직한 표준을 도출한 바, 그 기본적인 서지데이터요소와 입력순서는 다음과 같다.

1) 표제(또는 기사명)	10) 발행일자
2) 저자	* 11) 본문언어
* 3) 저자소속(e-mail)	* 12) 판사항
* 4) 부수적 저자	13) 키워드
5) 저널명(기사의 수록지명)	14) 주제분야
6) 기사의 수록위치(권호, 페이지)	15) 초록(또는 내용목차)

7) ISSN　　　　　　　　 * 16) 소장기관
* 8) 발행지　　　　　　 * 17) 원문보기
9) 발행자

이상의 서지데이터요소 중에서 번호 앞에 별표(*)가 붙여진 7가지 요소는 선택사항이며, 나머지는 필수사항이다.

참고문헌

고영만. 연속간행물 및 게재기사의 구성과 요소의 표준화연구. 서울, 한국데이터베이스진홍센터, 1996. pp. 327~588.

김태수, 김이겸. 디지털 정보표현을 위한 메타데이터 표준개발에 관한 연구. 서울, 첨단학술정보센터, 1997. p. 234.

문헌정보처리연구회 편. 메타데이터의 형식과 구조. 서울, 문헌정보처리연구회, 1998. p. 359.

이창한 등. 데이터베이스 구축방법론. 서울, 한국데이터베이스진홍센터, 1998. p. 127.

정준민. 학술지논문 종합목록 입력기준에 관한 연구. 서울, 첨단학술정보센터, 1998. p. 48.

한국데이터베이스진홍센터. 사실 및 서지데이터베이스의 기본요소와 형식: 데이터베이스표준(DPCS 004 - 1997). 서울, 한국데이터베이스진홍센터. 1998. pp. 53~110.

Boume, Ross. MARC: Strait-jacket or Opportuni쇼. In: *AACR, DDC MARC and Friend Role of CIG in Bibliographic Control*, ed. by Jon Byford, Heith V. Trickey, and Susi Woodhouse. London, Library Association, 1993. pp. 77~88.

Burnard, L. et al. A Syntax for Dubline Core Metadata Recommendations from the Second Metadata Workshop, 1996. Available from WWW: <http://www.nlc-bnc.ca/ifla/documents/libraries/catalogi···/dublin2.html>[cited 1999-06-25]

Cherry, Joan B. Bibliographic displays in OPACs and web catalogues: How well do they comply with display guidelines? *Information*

Technology and Libraries, Vol.17, No.3, 1988. pp. 124-137.

Cherry, Joan M. et al. Towards More Useful Bibliographic Displays: Effects of Content and Screen Design on Client Search and Selection Strategies. Ontario, Social Sciences and Humanities Research Council of Canada, 1997.

Desai. Bipin C. Report of the Metadata Workshop, Dublin, OH. Available from: <http://www.cs.concordia.ca/~faculty/bcdesai/ metadata/meta data-workshop-report. html/>[cited 1999-06-20]

Heery. R. ROADS: Resource Organization and Discovery in Subject-based Services, 1996. Available from WWW: <http:// www.ukoln.ac.kr/ ariadne/issue3/roads>[cited 1998-08-10]

IFLA. *Statement of Principles adopted at the International Conference on Cataloguing Principles*. Paris, October, 1961. London, IFLA. Committee on Cataloguing, 1971.

ISO 8. Documentation-Presentation of periodicals. *ISO Standqards Handbook 1: Information Transfer*. 2nd ed. Switzerland, International Organization for Standardization, 1982.

ISO 215. Presentation of contributions to periodicals. *ISO Standards Handbook 1: Information Transfer*. 2nd ed. Switzerland, International Organization for Standardization, 1982.

ISO 690: Documentation-Bibliographic references-Content, form and structures. Switzerland, International Organization for Standardization, 1987.

ISO 690-2: Information and documentation Bibliographic references Part 2: Electronic documents or parts thereof. Switzerland, International Organization for Standardization, 1997.

Kopak, R.W, and J.M. Cherry. Bibliographic displays and web catalogues. User evaluations of three prototype displays. *The Electronic Library*, Vol.16, No.5, 1988. pp. 309~323.

McCallum, Sally. What makes a standard? *Catalo ging dk Classifioation Quarterly*, Vol.21, No.3/4, 1996. pp. 5~15.

OCLC. Dublin Core Metadata Initiatives (updated 1999-09-09). Available from WWW: <http://purl.oclc.org/dc/index.htm>[cited 1999-09-12]

OCLC. The Dublin Core A simple Content Description Model for Electronic Resources. Available from WWW: <http:// purl.oclc.org /dc/>[cited 1999-07-28]

Oddy, Pat. Future Libraries Future Catalogues. London, Library Association Publishing, 1996. p. 180.

Riemer, John J. ed. Cataloging and Classification Standards Rules. New York, The Harworth Press, Inc., 1996. p. 235.

Rowley, J.E. Towards AACR3: A Review of the Implication of OPACs for Cataloguing Codes and Practices. *Library Review*, Vol.38, No.3, 1989. pp. 7~18.

Schottlaender, Brian E.C. ed. The Future of the Descriptive Cataloging Rules. Chicago, ALA, 1998. p. 135.

Stoyanova, P. Evaluating the content of bibliographic records for serials The user's point of view. Master of Library Science Research Project Report. Faculty of Information Studies, University of Toronto, Toronto, Ontario, 1998.

Weibel, S. and E. Miller. Image Description on the Internet, 1997. Available from WWW: <http://www.dlib.ora/dlib/ianuarv97/oclc/01 weibel.html>[cited 1999-06-25]

Weibl, S. DC-5: The Helsinki Metadata Workshop, 1998. Available from WWW: <http://dlib.org/dlib/february98/02weibel.html>[cited 1999-06-25]

Weidel, S. The State of Dublin Core Metadata Initiative, 1999. D-Lib Magazine, vol.5, no.4, April 1999. Available from <http://www.dlib. org/dlib/apri199/04weibel.html>[cited 1999-07-28]

ABSTRACT

A Study on Standards for Bibliographic Data Elements of the Articles in Serials

By Jong-Yup HAN
Dept. Library & Information Science
The Graduate School
Chung-Ang University

With purpose of improving library technology, the following research criteria and methods in a variety of issues concerning serials, one of the core elements of library automation technology, are suggested and its database building as follows:

First, examine domestic and international publication indices & abstracts journals for better understanding of the publication process and theoretical background in serials databases.

Second, select representative article databases from domestic and international serials for comparison and analyses of the core elements to clarify concrete issues in library technology as well as deciding major and minor components and their entry order for bibliographic data.

Third, analyze bibliographic descriptive format concerning articles of serials in ISO 690 to determine potential applicability of article database.

Fourth, establish standards and guidelines for bibliographic database based on aforementioned information.

The results of the study revealed article database standards briefly described as follows:

First, database concerning articles in serials are generated from previous indices & abstracts journals.

Second, early indices & abstracts journals from all study fields were grouped as a single general format, however, since the early 20th century, they were beginning to be categorized into specialized subjects, and in the late 20th century, former indices & abstracts journals were transformed into database including full-text with abstracts for library automation service.

Third, descriptive components in early publication of article indices are in simplified forms, i.e, title, author, journal name, location within journal (issue designation, pagination). However, in the process of transformation into database format, additional variety of components are being added including author's mailing and e-mail addresses, table of contents and abstract, ISSN, key words or classification or subject category, date of publication, publisher, type of materials, language, full-text. However, different formats are used for selecting data element and entry order.

Fourth, bibliographic elements of ten representative domestic and international bibliographic database systems showed many dissimilar descriptive field types, as well as differences in entry orders and details.

Fifth, database standards or guidelines were non-existent in domestic and international bibliographic database agencies, and different format have been adapted among those agencies. It is strongly recommended that all library should create a plan for adapting internationally standards in data input format as well as output format.

Sixth, ISO 690 is the most appropriate international standard database building model in all study fields with internationally accepted format over 30 years.

Seventh, therefore, conforming with ISO 690 bibliographic descriptions, their ten components will be adapted as the basic framework for building the database and appropriately select additional seven data components of total 17 database categories as listed below: (1) title, (2) main author, *(3) author affiliation and e-mail address, *(4) minor (subordinate) author(s), (5) journal name, (6) location within journal (issue designation, pagination), (7) ISSN, *(8) place of publication, (9) publisher, (10) date of publication, *(11) text language, *(12) edition, (13) classification or subject category, (14) key words, (15) abstract or contents if no abstract exist, *(16) holding institution, *(17) full-text. Seven items in asterisk (*) marks are additional database components and are optional items, and all others are compulsory items.

《중앙대학교. 2000. 2 박사학위논문》

• 鄭馱謨敎授指導 博士學位 論文 16 •

연속간행물기사에 대한 서지데이터요소의 표준화에 관한 연구

◉ 초판인쇄	2005년 1월 10일
◉ 초판발행	2005년 1월 15일
◉ 지 은 이	한종엽
◉ 펴 낸 이	채종준
◉ 펴 낸 곳	한국학술정보(주)
	경기도 파주시 교하읍 문발리 파주출판정보산업단지 526-2
	전화 031) 908-3181(대표)·팩스 031) 908-3189
	홈페이지 http://www.kstudy.com
	e-mail (e-Book 사업부) ebook@ kstudy.com
◉ 등 록	제일산-115호(2000. 6. 19)
◉ 가 격	7,000원

ISBN   89-534-2232-9 94020 (Paper book)
           89-534-2233-7 98020 (e-book)
           89-534-2200-0 94020 (Paper set)
           89-534-2201-9 98020 (e-book set)